독서기록장   그때 그때 뜯어 쓰는 독서 다이어리

독서노트

왜 책을 읽어야 하나요?

우리는 원하는 정보를 언제 어디서든 다양한 형태로 얻을 수 있는 세상에 살고 있습니다. 다양한 매체가 발달하면서 정보 전달 역할로서의 책의 입지가 작아지다보니, 사람들이 느끼는 독서의 필요성도 줄어들고 있지요. 하지만 그거 아시나요? 우리가 새로운 정보를 얻을 수 있는 수많은 매체들 중에서 책이 가지고 있는 정보의 질과 깊이를 견줄 만한 것은 없습니다. 여전히 책이 인기있는 이유입니다. 또한 독서는 지식과 정보를 주는 것 이상으로 우리 삶의 다양한 영역에서 중요한 역할을 합니다.

1 언어 능력을 향상시켜 줘요.

책을 읽다 보면 어휘력을 향상시킬 수 있을 뿐 아니라 자연스럽게 문장과 문단의 구조를 이해하게 됩니다. 또한 다양한 표현법을 접하면서 문장력과 언어능력을 기를 수 있어요.

2 사고력을 길러 줘요.

사고력은 생각하는 힘입니다. 책을 통해 얻은 배경지식은 다양한 방법으로 생각할 수 있도록 이끕니다. 한 가지 사건에 대해 여러 가지 관점에서 생각할 수 있게 되며, 합리적인 판단을 내릴 수 있게 돼요.

3 마음의 힘을 길러 줘요.

등장인물들의 이야기를 몰입해 읽다 보면 등장인물과 나를 동화시켜 공감대를 형성하게 됩니다. 인물들의 상황과 처지를 이해하게 되며, 올바른 인성을 형성할 수 있도록 도와줘요.

4 시야를 넓혀 줘요.

책은 시공간을 초월하여 실제로 겪기에는 힘든 다양한 시간과 세계를 경험할 수 있는 창구가 되어 줍니다. 이러한 간접 경험을 통해 창의력과 상상력을 기를 수 있어요.

어떤 책을 읽는 것이 좋을까요?

1. 재미있어 보이는 책을 읽어요.

책을 꼭 읽어야 한다는 부담감, 또는 여러 분야의 책을 읽어야 한다는 압박에 처음부터 흥미와 거리가 먼 책을 읽는 것은 좋지 않아요. 재미있어 보이는 책이나 누구든 재미있게 읽을 수 있는 전래동화부터 시작해 보세요. 처음에는 독서가 즐겁고 행복한 활동이라는 것을 깨닫는 것이 중요해요.

2. 읽고 싶은 책을 스스로 골라요.

서점이나 도서관에서, 또는 집에 있는 책들 중에서 가장 읽고 싶은 것을 골라 보세요. 다른 사람이 골라준 책보다 스스로 고른 책을 읽을 때 훨씬 더 즐겁게 집중해서 읽을 수 있어요. 한 가지만 계속 읽고 싶을 때도 있지요? 마음껏 읽되, 그 책을 읽으며 생긴 궁금증을 해소할 수 있는 다른 책들도 함께 읽어보세요. 자연스럽게 관심 분야를 확장시킬 수 있습니다.

3. 추천 도서 목록을 활용해요.

원하는 책만 우선적으로 읽을 수도 있지만 다양한 책을 읽는 것도 필요해요. 학교나 서점, 도서관에서 제공하는 권장 도서 목록을 활용해 보세요. 권장 도서는 고전부터 현대 동화까지 다양한 분야를 담고 있으면서도 어느 정도 검증이 된 책들입니다. 이런 목록들을 활용해 나의 독서 반경을 넓혀 보세요.

부모님들을 위한 우리 아이 독서 습관 만들기 TIP

1. 책 읽는 공간을 만들어요.

독서를 처음 시작하는 단계라면 집안 곳곳에 책을 놓아 보세요. 책꽂이가 아니더라도 말 그대로 이곳저곳 아이의 손 닿는 곳에 책이 있으면 한 번이라도 더 펼쳐볼 수 있게 됩니다. 자연스럽게 독서를 할 수 있는 환경을 만들어 주는 것이지요. 그리고 반드시 책상에 앉아 책을 읽어야 하는 건 아니에요. 아이가 주로 책을 읽는 자리를 눈여겨보고, 그 공간에서 오랜 시간 편하게 있을 수 있도록 적절한 조명과 방석, 쿠션 등으로 꾸며 주세요.

2. 책 읽는 시간을 만들어요.

시간이 날 때 책을 읽는 것이 아니라 책을 읽는 시간을 따로 만들어 보세요. 매주 정해진 시간에 서점이나 도서관을 방문하는 일정을 만들어도 좋고, 모든 가족이 독서하는 시간을 정하는 것도 좋은 방법입니다. 짧게는 10분부터 점차 늘려가며 우리 가족의 독서 시간을 만들어 보세요.

3. 아이에게 책 읽는 모습을 보여 주세요.

아이가 가장 닮고 싶어하는 사람은 부모님이랍니다. 우리 아이가 책을 읽기 원한다면 나부터 먼저 책을 읽는 모습을 보여야 합니다. 새해 목표로 책 읽기를 계획하지는 않으셨나요? 이 기회에 아이와 함께 책 읽기 습관 만들기를 시작하는 게 어떨까요? 의식적으로 아이 앞에서 책을 읽어 보세요. 아이가 어리다면 아이에게 책을 읽어 주는 것부터 시작하여 나중에는 다 함께 책을 읽는 멋진 가족 습관을 만들어 보세요.

독서기록장은 왜 필요할까요?

1 오랫동안 기억할 수 있어요.

한 대학의 연구 결과에 따르면 눈으로 본 내용이나 학습한 것을 즉시 1분 동안 복습하면 기억할 수 있는 정보의 양이 두 배가 된다고 합니다. 책을 읽은 후에 하는 독후 활동도 마찬가지겠지요. 책의 내용을 오랫동안 기억할 수 있을 것입니다.

2 보다 깊이 있게 이해할 수 있어요.

책을 읽은 후에 하는 쓰기나 말하기 활동은 그저 읽기만 하는 것보다 정확하고 깊이 있게 그 내용을 이해할 수 있게 합니다. 다양한 질문과 과제에 응답하는 과정에서 읽은 내용을 다시 한번 정리하게 되고, 다양한 관점에서 상황을 이해해 보는 경험 또한 할 수 있어요. 이러한 활동은 더욱 풍부한 이해를 이끌어냅니다.

3 표현력을 기를 수 있어요.

머릿속에 있는 것과 그것을 말이나 글로 표현하는 것은 다르지요. 독후 활동을 통해 새롭게 배운 내용을 어떻게 표현하면 좋을지 고민하게 되고, 나만의 언어로 표현하는 과정에서 글쓰기 능력, 말하기 능력 등 표현력을 성장시킬 수 있습니다.

독서와 독후 활동을 통해 잘 읽고 잘 쓰는 방법을 연습하다 보면 자연스럽게 사고력과 논술력을 기를 수 있어요. 좋은 책을 골라 정독하고, 독서기록장을 활용하여 생각하고 표현하는 방법을 연습해 보세요. 사고력, 논술력과 더불어 상상력과 창의력을 기를 수 있는 최고의 방법입니다.

진짜진짜 독서노트는 어떻게 활용하면 좋은가요?

① **책 제목을 정확하게 기억하고 기록해요.**
제목은 책 내용을 대표하기 때문에 제목만 제대로 기억해도 전체 맥락을 이해하는 데 도움이 돼요. 표지에서 제목과 지은이를 먼저 파악하고, 표지에 있는 그림과 글을 읽으며 내용을 상상해 보세요.

② **저자를 기록해 봐요.**
저자를 기억해 보세요. 가능하다면 저자가 어떤 배경을 가지고 있는지, 다른 어떤 책을 썼는지까지도 알아보세요. 저자의 숨은 의도를 알게 되는 재미를 느낄 수도 있고, 책을 더 깊이 이해할 수 있어요.

③ **읽은 날짜를 기록해요.**
책을 읽을 당시의 느낌과 생각에 대한 기록은 소중한 개인의 역사가 된답니다. 또한 나중에 독서 노트에서 읽은 내용을 찾을 때도 노트를 쓴 날짜는 많은 참고가 되지요.

④ **내용의 흐름을 기억해요.**
보통 책의 내용은 전체적인 흐름이 있어요. 줄거리가 어떻게 흘러가는지 다시 한번 생각해 보세요. 또, 책을 읽으며 든 생각과 느낀 점을 정리하며 의미를 다시 한번 이해해봐요.

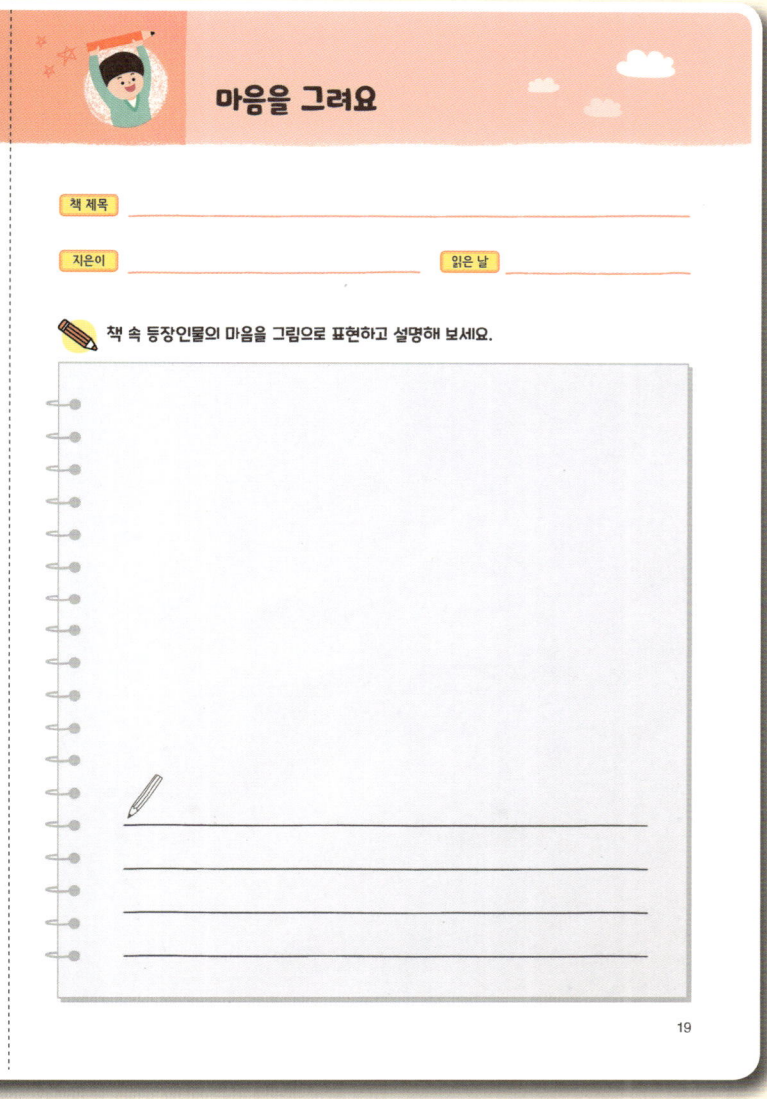

5 **짧고 간결하게 기록해요.**
내용을 장황하게 쓰지 말고 간결하게 요점을 정리하는 연습을 해 보세요.

6 **책에 있는 그림을 잘 기억해 보세요.**
책 안에 그림이 있었다면 그 그림이 내용과 어떤 관련이 있는지 생각해 보세요.

7 **책을 보면서 느끼고 깨달은 점을 적으세요.**
책을 읽고 느낀 점을 적으면서 그 책이 어떤 가치가 있는지, 그리고 나에게 어떤 변화를 가져다 줄 것인지도 함께 생각해 보세요.

8 **어떻게 다시 쓸 수 있을지 생각해 보세요.**
느낀 점을 바탕으로 책의 내용을 다시 쓴다면 어떻게 쓰거나 표현할 수 있을지 고민해 보세요.

위의 8가지 내용을 기억하면서 다양한 방식으로 흥미롭고 유익한 독서 노트 활동을 시작해 보세요. 더 잘 이해하고 기억하는 경험을 통해 독서가 더욱 더 재미있어질 거예요.

목차

- 왜 책을 읽어야 하나요? — 2
- 어떤 책을 읽는 것이 좋을까요? — 4
- 부모님들을 위한 우리 아이 독서 습관 만들기 TIP — 5
- 독서기록장은 왜 필요할까요? — 6
- 진짜진짜 독서노트는 어떻게 활용하면 좋은가요? — 8
- 나의 독서 일지 — 14

- 소원을 들어주세요 — 18
- 마음을 그려요 — 19
- 줄거리를 요약해요 — 20
- 좋았던 부분과 싫었던 부분 — 21
- 나의 마음을 움직인 문장들 — 22
- 이야기를 바꿔요 — 23
- 만화로 만들어요 — 24
- 퀴즈를 내봐요 — 25
- 마인드맵을 그려요 — 26
- 선물을 골라 주세요 — 27
- 생각 주머니를 채워요 — 28
- 나와 주인공을 비교해 봐요 — 29
- 인터뷰에 답해요 — 30
- 나만의 사전을 만들어요 — 31
- 다음 이야기를 만들어요 — 32
- 주제가를 만들어요 — 33
- 퍼즐을 만들어요 — 34

- 친구에게 책을 추천해요 ---- 35
- 내가 주인공이라면? ---- 36
- 역할극을 만들어요 ---- 37
- 표지를 만들어요 ---- 38
- 뉴스 기사를 스크랩해요 ---- 39
- 책을 광고해요 ---- 40
- 프로필을 만들어요 ---- 41
- 낱말 꼬리잡기 ---- 42
- 독서 감상화를 그려요 ---- 43
- 뉴스 기사를 써요 ---- 44
- 인물의 색깔 ---- 45
- 작가에게 편지를 써요 ---- 46
- 끝말잇기 ---- 47
- 명함을 만들어 주세요 ---- 48
- 이야기를 그려요 ---- 49
- 함께 읽어요 ---- 50
- 동시 짓기 ---- 51
- 상장을 드립니다 ---- 52
- 소원을 들어주세요 ---- 53
- 마음을 그려요 ---- 54
- 줄거리를 요약해요 ---- 55
- 좋았던 부분과 싫었던 부분 ---- 56
- 나의 마음을 움직인 문장들 ---- 57

목차

- 이야기를 바꿔요 — 58
- 만화로 만들어요 — 59
- 퀴즈를 내봐요 — 60
- 마인드맵을 그려요 — 61
- 선물을 골라 주세요 — 62
- 생각 주머니를 채워요 — 63
- 나와 주인공을 비교해 봐요 — 64
- 인터뷰에 답해요 — 65
- 나만의 사전을 만들어요 — 66
- 다음 이야기를 만들어요 — 67
- 주제가를 만들어요 — 68
- 퍼즐을 만들어요 — 69
- 친구에게 책을 추천해요 — 70
- 내가 주인공이라면? — 71
- 역할극을 만들어요 — 72
- 표지를 만들어요 — 73
- 뉴스 기사를 스크랩해요 — 74
- 책을 광고해요 — 75
- 프로필을 만들어요 — 76
- 낱말 꼬리잡기 — 77
- 독서 감상화를 그려요 — 78
- 뉴스 기사를 써요 — 79
- 인물의 색깔 — 80

- 작가에게 편지를 써요 — 81
- 끝말잇기 — 82
- 명함을 만들어 주세요 — 83
- 이야기를 그려요 — 84
- 함께 읽어요 — 85
- 동시 짓기 — 86
- 상장을 드립니다 — 87

- 영어 독후 활동 – Book Report 1 — 88
- 영어 독후 활동 – Book Report 2 — 89
- 영어 독후 활동 – Book Report 3 — 90
- 영어 독후 활동 – Book Report 4 — 91
- 영어 독후 활동 – Book Report 5 — 92

시소스터디 공부기술연구소 추천 도서 — 93
- 1학년 — 94
- 2학년 — 98
- 3학년 — 102
- 4학년 — 106
- 5학년 — 110
- 6학년 — 114

- 수료증 — 119

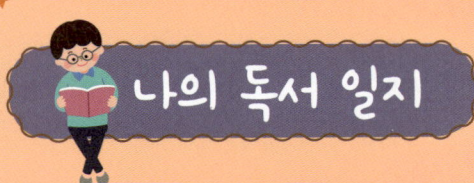
나의 독서 일지

번호	읽은 날	책 제목	내 점수	활동 페이지
1			☆☆☆☆☆	
2			☆☆☆☆☆	
3			☆☆☆☆☆	
4			☆☆☆☆☆	
5			☆☆☆☆☆	
6			☆☆☆☆☆	
7			☆☆☆☆☆	
8			☆☆☆☆☆	
9			☆☆☆☆☆	
10			☆☆☆☆☆	
11			☆☆☆☆☆	
12			☆☆☆☆☆	
13			☆☆☆☆☆	
14			☆☆☆☆☆	
15			☆☆☆☆☆	
16			☆☆☆☆☆	
17			☆☆☆☆☆	
18			☆☆☆☆☆	
19			☆☆☆☆☆	
20			☆☆☆☆☆	

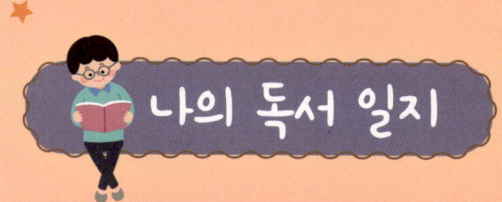

나의 독서 일지

번호	읽은 날	책 제목	내 점수	활동 페이지
21			☆☆☆☆☆	
22			☆☆☆☆☆	
23			☆☆☆☆☆	
24			☆☆☆☆☆	
25			☆☆☆☆☆	
26			☆☆☆☆☆	
27			☆☆☆☆☆	
28			☆☆☆☆☆	
29			☆☆☆☆☆	
30			☆☆☆☆☆	
31			☆☆☆☆☆	
32			☆☆☆☆☆	
33			☆☆☆☆☆	
34			☆☆☆☆☆	
35			☆☆☆☆☆	
36			☆☆☆☆☆	
37			☆☆☆☆☆	
38			☆☆☆☆☆	
39			☆☆☆☆☆	
40			☆☆☆☆☆	

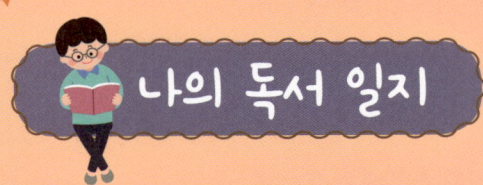

나의 독서 일지

번호	읽은 날	책 제목	내 점수	활동 페이지
41			☆☆☆☆☆	
42			☆☆☆☆☆	
43			☆☆☆☆☆	
44			☆☆☆☆☆	
45			☆☆☆☆☆	
46			☆☆☆☆☆	
47			☆☆☆☆☆	
48			☆☆☆☆☆	
49			☆☆☆☆☆	
50			☆☆☆☆☆	
51			☆☆☆☆☆	
52			☆☆☆☆☆	
53			☆☆☆☆☆	
54			☆☆☆☆☆	
55			☆☆☆☆☆	
56			☆☆☆☆☆	
57			☆☆☆☆☆	
58			☆☆☆☆☆	
59			☆☆☆☆☆	
60			☆☆☆☆☆	

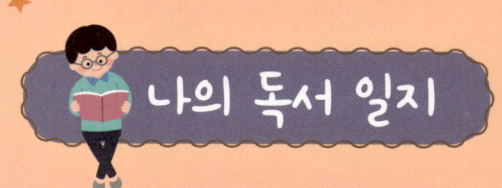

나의 독서 일지

번호	읽은 날	책 제목	내 점수	활동 페이지
61			☆☆☆☆☆	
62			☆☆☆☆☆	
63			☆☆☆☆☆	
64			☆☆☆☆☆	
65			☆☆☆☆☆	
66			☆☆☆☆☆	
67			☆☆☆☆☆	
68			☆☆☆☆☆	
69			☆☆☆☆☆	
70			☆☆☆☆☆	
71			☆☆☆☆☆	
72			☆☆☆☆☆	
73			☆☆☆☆☆	
74			☆☆☆☆☆	
75			☆☆☆☆☆	
76			☆☆☆☆☆	
77			☆☆☆☆☆	
78			☆☆☆☆☆	
79			☆☆☆☆☆	
80			☆☆☆☆☆	

소원을 들어주세요

책 제목 _____

지은이 _____   읽은 날 _____

✏️ **주인공에게 소원이 있다면 무엇일까요?**

[   ]

📖 **주인공의 소원을 이루기 위해 이야기를 바꿔 보세요.**

[   ]

마음을 그려요

책 제목 _____

지은이 _____   읽은 날 _____

 책 속 등장인물의 마음을 그림으로 표현하고 설명해 보세요.

줄거리를 요약해요

책 제목 _____

지은이 _____ 읽은 날 _____

✏️ 이야기의 순서에 따라 줄거리를 요약해 보세요.

좋았던 부분과 싫었던 부분

책 제목 _____

지은이 _____   읽은 날 _____

✏️ 책에서 가장 좋았던 부분과 가장 싫었던 부분을 적고 그 이유를 말해 보세요.

가장 좋았던 부분

_____

_____

이유

_____

_____

_____

- -

가장 싫었던 부분

_____

_____

이유

_____

_____

_____

나의 마음을 움직인 문장들

책 제목 _____

지은이 _____   읽은 날 _____

✏️ 책에서 인상 깊었던 문장들을 모두 적어 보세요.

이야기를 바꿔요

책 제목 _____

지은이 _____ 읽은 날 _____

 책에서 바꾸고 싶은 부분을 적고 자유롭게 바꿔 보세요.

원래 내용

바꾼 내용

만화로 만들어요

책 제목 _____

지은이 _____ 읽은 날 _____

 책의 내용을 간단히 요약해 만화로 그려 보세요.

퀴즈를 내봐요

책 제목 _____

지은이 _____ 읽은 날 _____

 친구와 함께 책을 읽고, 퀴즈를 내서 책의 내용을 잘 이해했는지 확인해 보세요.

Quiz 1

답

Quiz 2

답

Quiz 3

답

Quiz 4

답

마인드맵을 그려요

책 제목 _____

지은이 _____   읽은 날 _____

 주인공을 중심으로 인물이나 사건 등을 연결해 마인드맵을 그려 보세요.

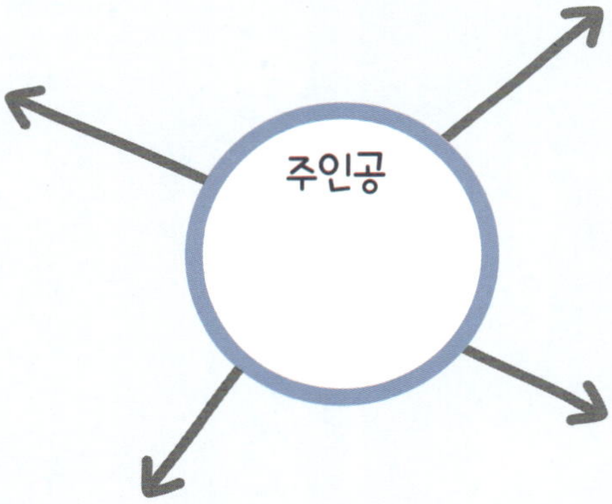

주인공

선물을 골라 주세요

책 제목 _____

지은이 _____   읽은 날 _____

📖 등장인물 중 한 명에게 주고 싶은 선물을 고르고, 그 이유를 적어 보세요.

주고 싶은 선물

이 선물을 주고 싶은 이유

생각 주머니를 채워요

책 제목 _____

지은이 _____ 읽은 날 _____

✏️ 책을 읽고 나서 떠오르는 단어들을 주머니 안에 적어 보세요.

나와 주인공을 비교해 봐요

책 제목 _____

지은이 _____ 읽은 날 _____

 주인공과 나를 비교해 보고 공통점과 차이점을 찾아 보세요.

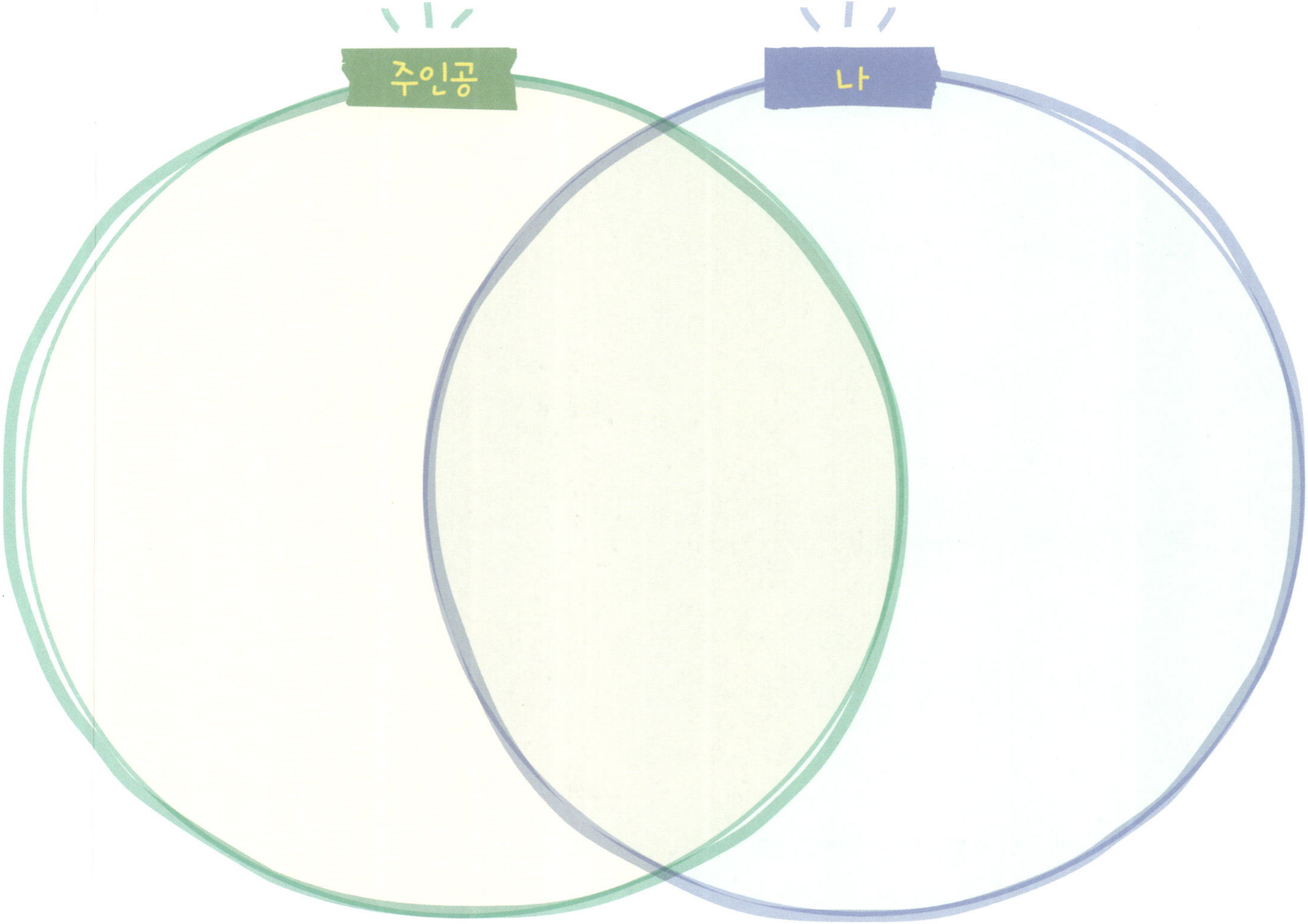

주인공 　　　　　나

인터뷰에 답해요

책 제목 _____

지은이 _____ 읽은 날 _____

✏️ 작가가 되었다고 상상하며 책에 대한 질문에 대답해 보세요.

질문 1 주인공의 이름은 무엇인가요?

질문 2 이야기의 배경은 어떤가요?

질문 3 주인공의 성격은 어때요?

질문 4 주인공의 주변 인물은 어떤가요?

질문 5 무슨 일이 생긴 거예요?

질문 6 그렇군요. 그래서 어떻게 됐나요?

질문 7 그래서 이 책은 무엇에 관한 이야기인가요?

나만의 사전을 만들어요

책 제목 _____

지은이 _____   읽은 날 _____

 책을 읽으며 몰랐던 단어를 모아 나만의 사전을 만들어 보세요.

단어	사전 속 의미
	단어를 사용한 문장
단어	사전 속 의미
	단어를 사용한 문장
단어	사전 속 의미
	단어를 사용한 문장
단어	사전 속 의미
	단어를 사용한 문장

다음 이야기를 만들어요

책 제목 _____

지은이 _____   읽은 날 _____

✏️ 책의 줄거리를 간단히 요약하고 이야기의 뒷부분을 상상해 써 보세요.

줄거리

이 다음은 어떻게 될까요?

주제가를 만들어요

책 제목 _____

지은이 _____   읽은 날 _____

 노래를 하나 고르고, 책에 어울리는 가사를 붙여 주제가를 만들어 보세요.

퍼즐을 만들어요

책 제목 _____

지은이 _____ 읽은 날 _____

✏️ 책에 나온 단어를 사용해 가로세로 퍼즐을 만들어 보세요.

세로 풀이 열쇠

가로 풀이 열쇠

친구에게 책을 추천해요

책 제목 _____

지은이 _____   읽은 날 _____

✏️ 친구에게 책의 내용을 소개해 보세요.

이 책을 추천해 주고 싶은 친구의 이름 _____

책의 줄거리

_____
_____
_____
_____
_____

- -

이 책을 추천하는 이유를 넣어 친구에게 편지를 써보세요.

_____ 에게

_____
_____
_____
_____

내가 주인공이라면?

책 제목 _____

지은이 _____ 읽은 날 _____

 책 속의 상황을 고르고, 내가 주인공이었다면 어떻게 했을지 생각해 보세요.

상황 1

내가 주인공이라면?

상황 2

내가 주인공이라면?

역할극을 만들어요

책 제목 _____

지은이 _____ **읽은 날** _____

📝 책에서 가장 좋아하는 부분을 골라 역할극 대본을 써 보세요.

내가 가장 좋아하는 부분

대본 쓰기

표지를 만들어요

책 제목 _____

지은이 _____ 읽은 날 _____

 줄거리를 생각하면서 책의 표지를 다시 만들어 보세요.

뉴스 기사를 스크랩해요

책 제목

지은이   읽은 날

✏️ 뉴스 기사를 읽고 마음에 드는 기사를 모아 스크랩해 보세요.

이 기사는 누구 또는 무엇에 관한 내용인가요?

✏️

이 사건에 대한 나의 생각이나 기사에 등장하는 사람에게 하고 싶은 말을 써보세요.

✏️

책을 광고해요

책 제목 _____

지은이 _____   읽은 날 _____

✏️ 책을 광고하는 포스터나 배너를 그려 보세요.

책에서 강조하고 싶은 부분

강조하고 싶은 부분을 생각하며 광고 포스터나 배너를 그려 보세요.

프로필을 만들어요

책 제목 _____

지은이 _____ 읽은 날 _____

 책 속의 인물들을 그리고 이름과 간단한 특징을 적어 프로필을 만들어 보세요.

낱말 꼬리잡기

책 제목 _____

지은이 _____   읽은 날 _____

 책을 가장 잘 나타내는 단어를 하나 골라 쓴 후 연상되는 단어를 이어서 써 보세요.

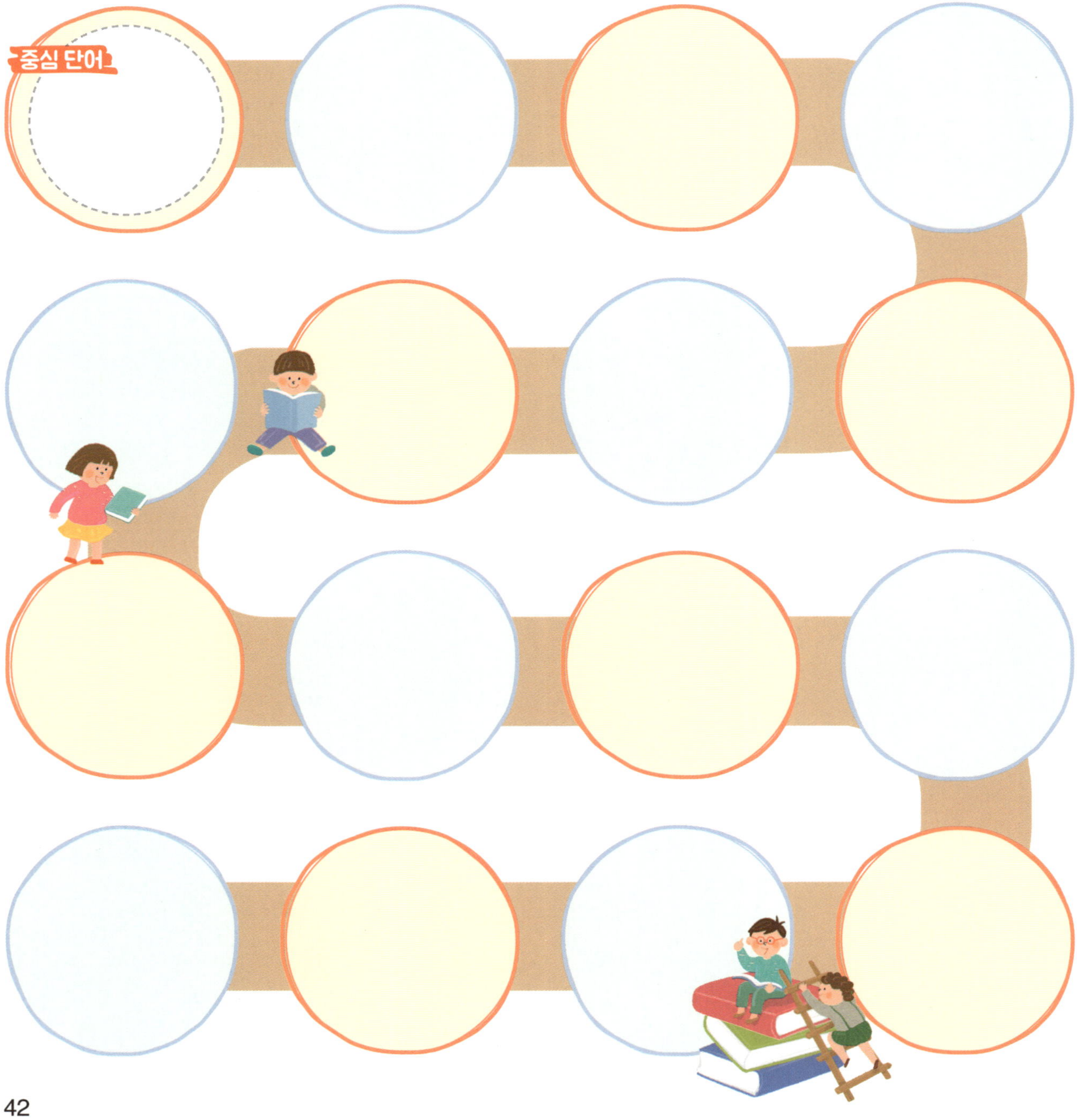

중심 단어

독서 감상화를 그려요

책 제목 _____

지은이 _____   읽은 날 _____

📝 책을 읽고 기억에 남는 장면을 그림으로 그리고, 어떤 장면인지 소개해 보세요.

뉴스 기사를 써요

책 제목

지은이　　　　　　　　　　**읽은 날**

✏️ 책 속 등장인물이나 사건에 관한 기사를 작성해 보세요.

NEWS PAPER　　　　　20　.　.　.

인물의 색깔

책 제목

지은이   읽은 날

 등장인물들을 색으로 표현한다면 어떤 색인지 적고, 그 이유를 적어 보세요.

인물	색깔	이유

작가에게 편지를 써요

책 제목 _____

지은이 _____   읽은 날 _____

📝 책을 읽고 작가에게 편지를 써 보세요. 또 작가를 대변해 답장도 써 보세요.

　　　　＿＿＿＿＿＿ 작가님께

　　　　＿＿＿＿＿＿ 독자에게

끝말잇기

책 제목 _____

지은이 _____   읽은 날 _____

 책의 제목과 등장인물들의 이름을 시작으로 끝말잇기를 해 보세요.

명함을 만들어 주세요

책 제목 _____

지은이 _____   읽은 날 _____

 등장인물들에게 멋진 명함을 만들어 주세요.

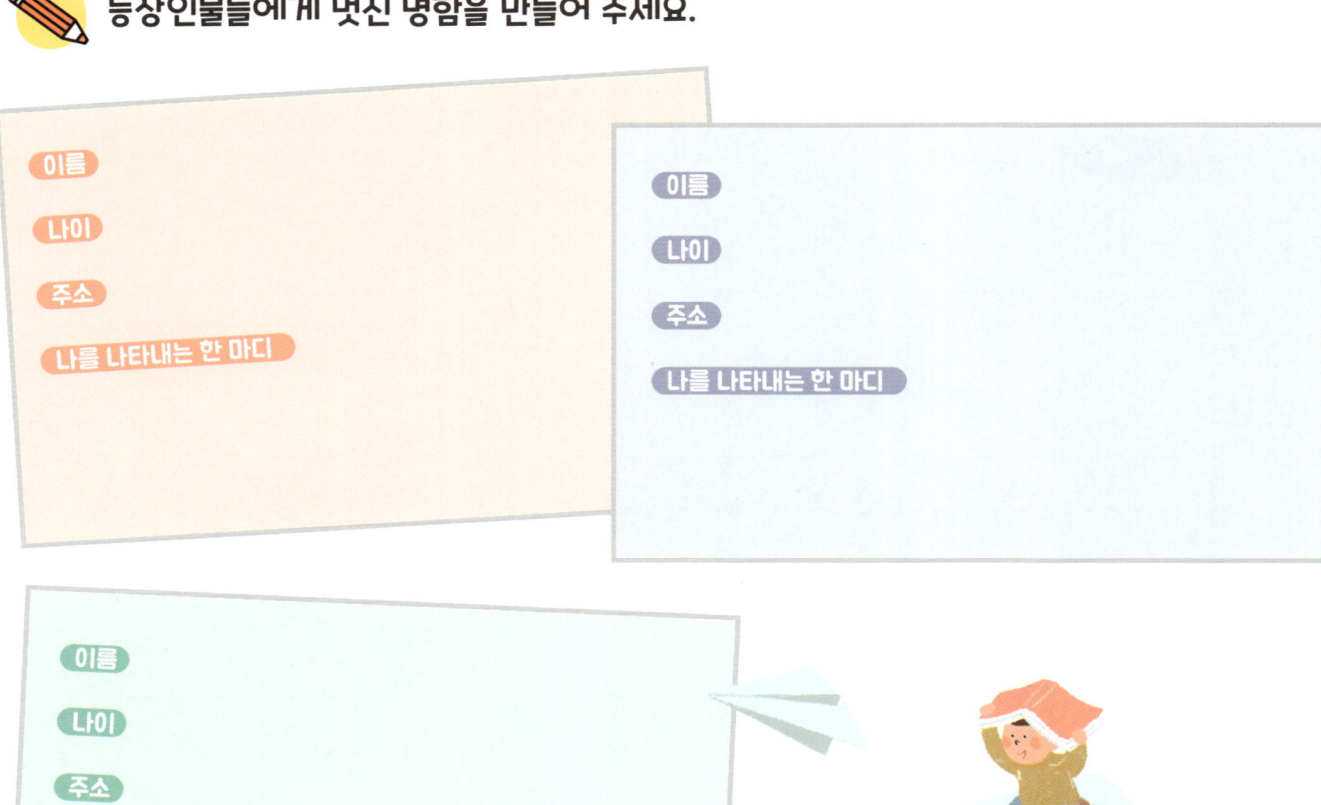

- 이름
- 나이
- 주소
- 나를 나타내는 한 마디

- 이름
- 나이
- 주소
- 나를 나타내는 한 마디

- 이름
- 나이
- 주소
- 나를 나타내는 한 마디

- 이름
- 나이
- 주소
- 나를 나타내는 한 마디

이야기를 그려요

책 제목 _____

지은이 _____   읽은 날 _____

 이야기의 흐름을 생각하며 책 속 장면들을 그림으로 그려 보세요.

함께 읽어요

책 제목 _____

지은이 _____ 읽은 날 _____

✏️ **친구나 가족과 함께 책을 읽고 서로 느낀 점을 적어 보세요.**

내가 느낀 점

_____ 가 느낀 점

함께 책을 읽고 좋았던 점

동시 짓기

책 제목 _____

지은이 _____ 읽은 날 _____

 책의 줄거리나 내가 느낀 점을 떠올리며 동시를 짓고 예쁘게 꾸며 보세요.

상장을 드립니다

책 제목 _____

지은이 _____   읽은 날 _____

 등장인물 중 하나를 골라 그 인물을 칭찬하는 상장을 만들어 보세요.

_____ 상

이름 : _____

위 사람은

20   년   월   일

소원을 들어주세요

책 제목

지은이   읽은 날

주인공에게 소원이 있다면 무엇일까요?

주인공의 소원을 이루기 위해 이야기를 바꿔 보세요.

마음을 그려요

책 제목 _____

지은이 _____   읽은 날 _____

✏️ **책 속 등장인물의 마음을 그림으로 표현하고 설명해 보세요.**

줄거리를 요약해요

책 제목 _____

지은이 _____   읽은 날 _____

✏️ 이야기의 순서에 따라 줄거리를 요약해 보세요.

좋았던 부분과 싫었던 부분

책 제목

지은이 **읽은 날**

✏️ 책에서 가장 좋았던 부분과 가장 싫었던 부분을 적고 그 이유를 말해 보세요.

가장 좋았던 부분

이유

가장 싫었던 부분

이유

나의 마음을 움직인 문장들

책 제목 _____

지은이 _____   읽은 날 _____

책에서 인상 깊었던 문장들을 모두 적어 보세요.

이야기를 바꿔요

책 제목 _____

지은이 _____   읨은 날 _____

✏️ 책에서 바꾸고 싶은 부분을 적고 자유롭게 바꿔 보세요.

원래 내용

바꾼 내용

만화로 만들어요

책 제목 _____

지은이 _____   읽은 날 _____

 책의 내용을 간단히 요약해 만화로 그려 보세요.

퀴즈를 내봐요

책 제목 _____

지은이 _____   읽은 날 _____

📖 친구와 함께 책을 읽고, 퀴즈를 내서 책의 내용을 잘 이해했는지 확인해 보세요.

Quiz 1
_____
_____

답
_____

Quiz 2
_____
_____

답
_____

Quiz 3
_____
_____

답
_____

Quiz 4
_____
_____

답
_____

마인드맵을 그려요

[책 제목] _____

[지은이] _____ [읽은 날] _____

 주인공을 중심으로 인물이나 사건 등을 연결해 마인드맵을 그려 보세요.

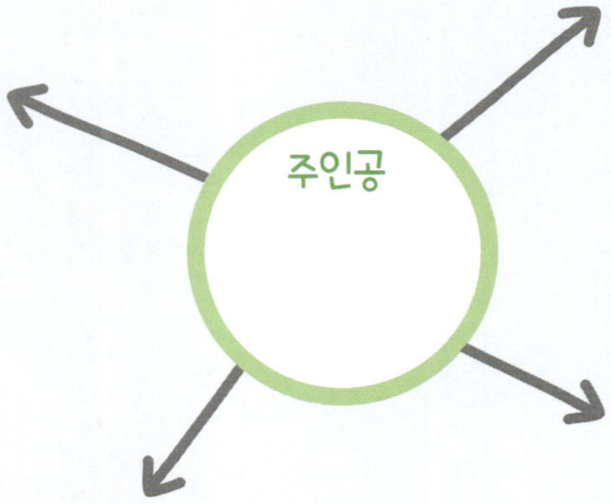

주인공

선물을 골라 주세요

책 제목 _____

지은이 _____ 읽은 날 _____

📖 **등장인물 중 한 명에게 주고 싶은 선물을 고르고, 그 이유를 적어 보세요.**

주고 싶은 선물

이 선물을 주고 싶은 이유

생각 주머니를 채워요

책 제목 _____

지은이 _____ 읽은 날 _____

 책을 읽고 나서 떠오르는 단어들을 주머니 안에 적어 보세요.

나와 주인공을 비교해 봐요

책 제목 _____

지은이 _____   읽은 날 _____

 주인공과 나를 비교해 보고 공통점과 차이점을 찾아 보세요.

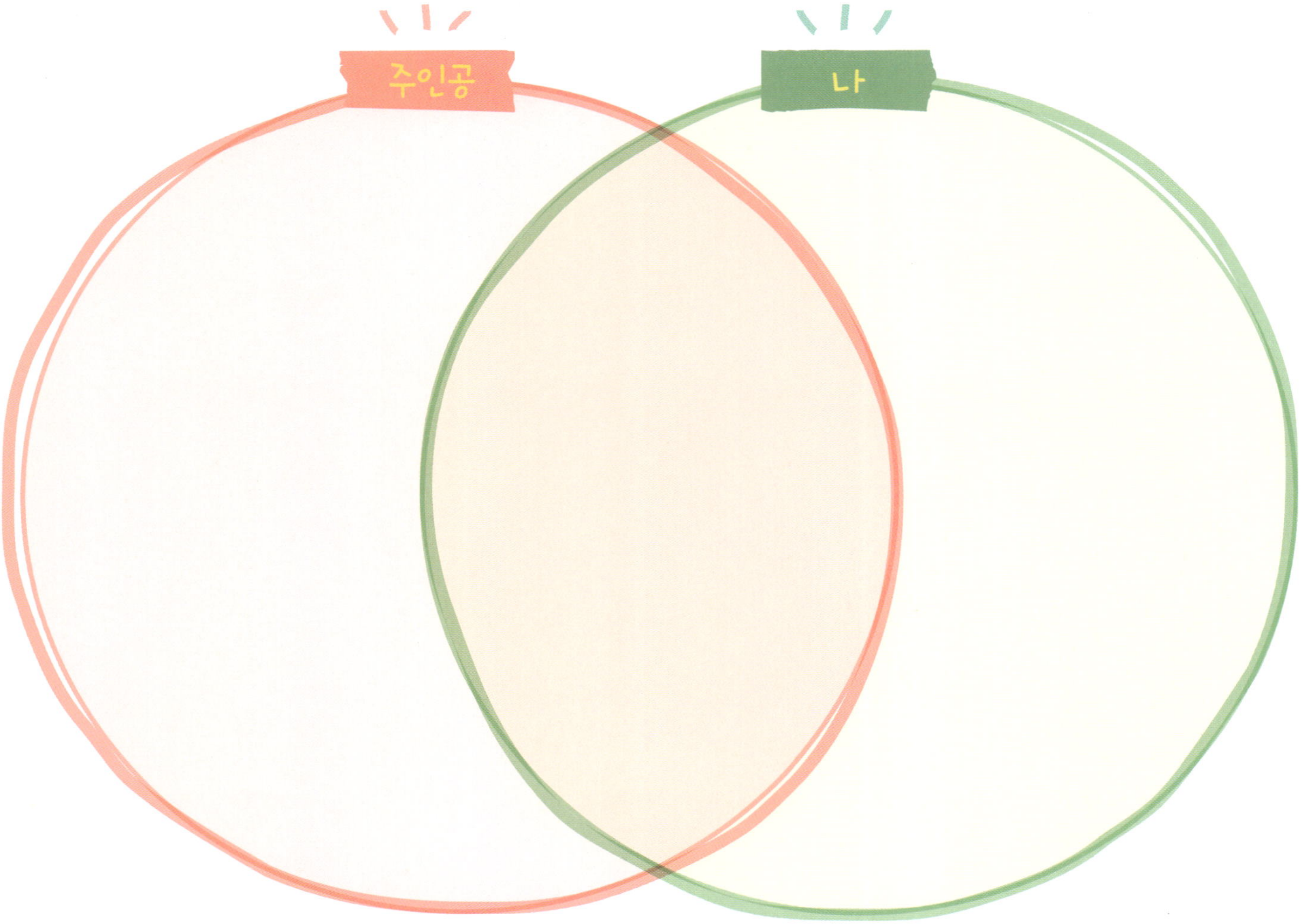

주인공   나

인터뷰에 답해요

책 제목 _____

지은이 _____   읽은 날 _____

✏️ 작가가 되었다고 상상하며 책에 대한 질문에 대답해 보세요.

질문 1 주인공의 이름은 무엇인가요?

질문 2 이야기의 배경은 어떤가요?

질문 3 주인공의 성격은 어때요?

질문 4 주인공의 주변 인물은 어떤가요?

질문 5 무슨 일이 생긴 거예요?

질문 6 그렇군요. 그래서 어떻게 됐나요?

질문 7 그래서 이 책은 무엇에 관한 이야기인가요?

나만의 사전을 만들어요

책 제목 _____

지은이 _____ 읽은 날 _____

 책을 읽으며 몰랐던 단어를 모아 나만의 사전을 만들어 보세요.

단어	사전 속 의미
	단어를 사용한 문장
단어	사전 속 의미
	단어를 사용한 문장
단어	사전 속 의미
	단어를 사용한 문장
단어	사전 속 의미
	단어를 사용한 문장

다음 이야기를 만들어요

책 제목 _____

지은이 _____   읽은 날 _____

✏️ 책의 줄거리를 간단히 요약하고 이야기의 뒷부분을 상상해 써 보세요.

줄거리

이 다음은 어떻게 될까요?

주제가를 만들어요

책 제목

지은이   읽은 날

 노래를 하나 고르고, 책에 어울리는 가사를 붙여 주제가를 만들어 보세요.

퍼즐을 만들어요

책 제목 _____

지은이 _____   읽은 날 _____

✏️ 책에 나온 단어를 사용해 가로세로 퍼즐을 만들어 보세요.

세로 풀이 열쇠

가로 풀이 열쇠

친구에게 책을 추천해요

책 제목 _____

지은이 _____ 읽은 날 _____

✏️ 친구에게 책의 내용을 소개해 보세요.

이 책을 추천해 주고 싶은 친구의 이름

책의 줄거리

이 책을 추천하는 이유를 넣어 친구에게 편지를 써보세요.

_____ 에게

내가 주인공이라면?

책 제목 _____

지은이 _____   읽은 날 _____

 책 속의 상황을 고르고, 내가 주인공이었다면 어떻게 했을지 생각해 보세요.

상황 1

내가 주인공이라면?

상황 2

내가 주인공이라면?

역할극을 만들어요

책 제목

지은이   읽은 날

✏️ **책에서 가장 좋아하는 부분을 골라 역할극 대본을 써 보세요.**

내가 가장 좋아하는 부분

대본 쓰기

표지를 만들어요

책 제목 _____

지은이 _____ 읽은 날 _____

 줄거리를 생각하면서 책의 표지를 다시 만들어 보세요.

뉴스 기사를 스크랩해요

책 제목 _____

지은이 _____   읽은 날 _____

✏️ 뉴스 기사를 읽고 마음에 드는 기사를 모아 스크랩 해보세요.

이 기사는 누구 또는 무엇에 관한 내용인가요?

✏️

이 사건에 대한 나의 생각이나 기사에 등장하는 사람에게 하고 싶은 말을 써보세요.

✏️

책을 광고해요

책 제목 _____

지은이 _____ **읽은 날** _____

✏️ 책을 광고하는 포스터나 배너를 그려 보세요.

책에서 강조하고 싶은 부분

강조하고 싶은 부분을 생각하며 광고 포스터나 배너를 그려 보세요.

프로필을 만들어요

책 제목 _____

지은이 _____   읽은 날 _____

 책 속의 인물들을 그리고 이름과 간단한 특징을 적어 프로필을 만들어 보세요.

낱말 꼬리잡기

책 제목 _____

지은이 _____   읽은 날 _____

 책을 가장 잘 나타내는 단어를 하나 골라 쓴 후 연상되는 단어를 이어서 써 보세요.

중심 단어

독서 감상화를 그려요

책 제목 _____

지은이 _____   읽은 날 _____

✏️ 책을 읽고 기억에 남는 장면을 그림으로 그리고, 어떤 장면인지 소개해 보세요.

_____
_____
_____
_____
_____

뉴스 기사를 써요

책 제목 _____

지은이 _____   읽은 날 _____

✏️ 책 속 등장인물이나 사건에 관한 기사를 작성해 보세요.

NEWS PAPER

20   .   .

인물의 색깔

책 제목 _____

지은이 _____ 읽은 날 _____

 등장인물들을 색으로 표현한다면 어떤 색인지 적고, 그 이유를 적어 보세요.

인물	색깔	이유

작가에게 편지를 써요

책 제목 _____

지은이 _____   읽은 날 _____

책을 읽고 작가에게 편지를 써 보세요. 또 작가를 대변해 답장도 써 보세요.

　　　　작가님께

　　　　독자에게

끝말잇기

책 제목 _____

지은이 _____   읽은 날 _____

 책의 제목과 등장인물들의 이름을 시작으로 끝말잇기를 해 보세요.

책 제목
☐ - ☐ - ☐
☐ - ☐ - ☐

등장 인물
☐ - ☐ - ☐
☐ - ☐ - ☐

등장 인물
☐ - ☐ - ☐
☐ - ☐ - ☐

명함을 만들어 주세요

책 제목 _____

지은이 _____ 읽은 날 _____

 등장인물들에게 멋진 명함을 만들어 주세요.

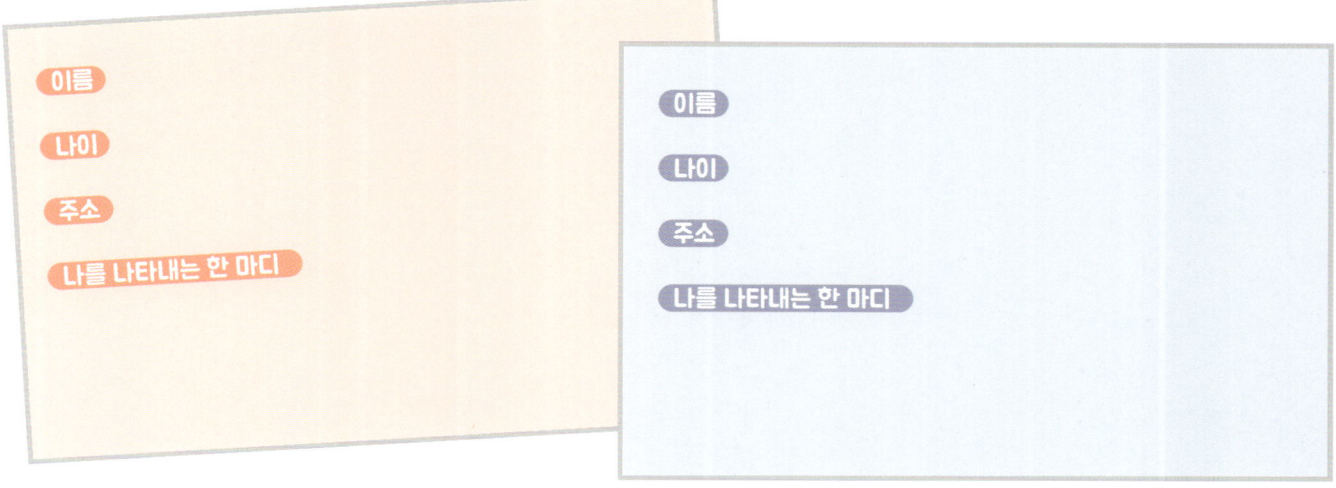

- 이름
- 나이
- 주소
- 나를 나타내는 한 마디

- 이름
- 나이
- 주소
- 나를 나타내는 한 마디

- 이름
- 나이
- 주소
- 나를 나타내는 한 마디

- 이름
- 나이
- 주소
- 나를 나타내는 한 마디

이야기를 그려요

책 제목 _____

지은이 _____   읽은 날 _____

 이야기의 흐름을 생각하며 책 속 장면들을 그림으로 그려 보세요.

함께 읽어요

책 제목 _____

지은이 _____   읽은 날 _____

 친구나 가족과 함께 책을 읽고 서로 느낀 점을 적어 보세요.

내가 느낀 점

_____가 느낀 점

함께 책을 읽고 좋았던 점

동시 짓기

책 제목 _____

지은이 _____   읽은 날 _____

책의 줄거리나 내가 느낀 점을 떠올리며 동시를 짓고 예쁘게 꾸며 보세요.

상장을 드립니다

책 제목 _____

지은이 _____ 읽은 날 _____

 등장인물 중 하나를 골라 그 인물을 칭찬하는 상장을 만들어 보세요.

_____ 상

이름 : _____

위 사람은

20   년   월   일

Book Report 1

Title		Rating	☆☆☆☆☆
Author		Date	. . .

 What words come to mind when you think about the main character? Draw a mind map. 주인공을 생각할 때 어떤 단어가 떠오르나요? 마인드맵을 그려 보세요.

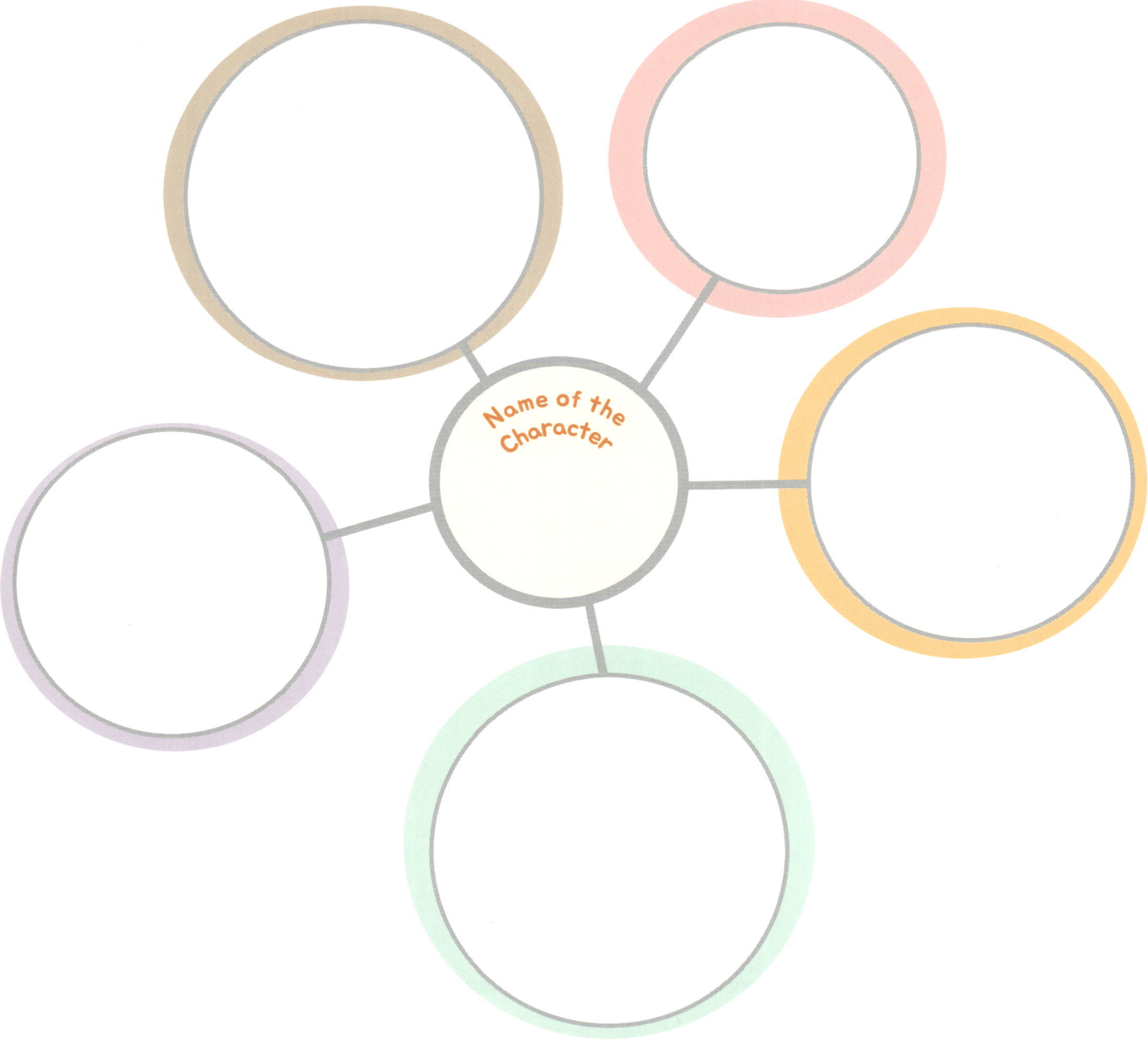

Name of the Character

Book Report 2

| Title | | Rating | ☆☆☆☆☆ |
| Author | | Date | . . . |

 Draw and write your favorite part of the book.
책에서 가장 좋아하는 부분을 그림으로 그려 보고 써 보세요.

Book Report ③

Title _____ Rating ☆☆☆☆☆

Author _____ Date ___.___.___

✏️ **Draw the main story.** 이야기의 흐름을 따라 그림을 그려보세요.

Book Report 4

Title _____ **Rating** ☆☆☆☆☆

Author _____ **Date** ___.___.___

List the new words you learned in this book. 이 책에서 새로 배운 단어를 적어보세요.

Words	Definition

Write a summary of the book. 책의 줄거리를 요약해 보세요.

_____
_____
_____
_____
_____

Book Report 5

Title _____   **Rating** ☆☆☆☆☆

Author _____   **Date** ____.____.____

✏️ **Who are the characters?** 등장인물들의 이름을 적어보세요.

There are _____
_____

✏️ **Where did it happen?** 사건이 일어난 장소를 적어보세요.

In this book, the story took place in _____
_____

✏️ **What is your favorite part of the story?** 특별히 좋아하는 부분을 적고 그 이유도 적어보세요.

My favorite part of the story is _____
_____

Because _____
_____
_____
_____

시소스터디 공부기술연구소 추천 도서

📖 1학년

머리가 자라는 동안
이자벨 미뇨스 마르틴스 지음
한겨레아이들

뜻밖의 '사건'으로 원하지 않는 머리 모양을 갖게 된 베라의 성장 이야기를 통해, 변화를 두려워하지 않고 용기 있게 도전할 때 비로소 새롭고 멋진 자신과 마주하며 성장할 수 있음을 알려준다.

아름다운 책
클로드 부종 지음
비룡소

책은 재미없다? 어렵고 지루하다? 그건 바로 책에 대한 잘못된 이해와 습관 탓. 책을 학습의 부산물 혹은 관념적 지침서로만 여겨온 건 아닐까. 지금 당장, 토끼 형제와 함께 그림책 여행을 떠나보는 건 어떨까?

나무는 좋다
재니스 메이 우드리 지음
시공주니어

산소를 만들어 인간을 호흡하게 하는 나무는 인간의 생명을 유지시키는 절대적인 존재이다. 어린이들이 이해하기 쉽도록 어린이들의 시각에서, 나무가 인간에게 가지는 의미를 설명하고 있다.

눈물바다
서현 지음
사계절

아침에 일어나보니 모두 내가 만든 눈물바다에 빠져 허우적대고 있다. 그 바다에서 신나게 놀다가 사람들을 건져주고 말려도 준다. 생각해 보니 미안하기도 하지만, 속이 다 시원하다!

두근두근 1학년 선생님 사로잡기
송언 지음
사계절

1학년 윤하와 무서운 호랑이 선생님의 이야기다. 처음 만난 날, 선생님은 아이들에게 어떻게 하면 사랑받는 아이가 될 수 있을까 곰곰이 생각해 오라는 숙제를 내준다. 그리고 윤하는 깊은 고민에 빠진다.

만희네 집
권윤덕 지음
길벗어린이

좁은 연립에서 살던 만희가 정원이 있는 할머니 집으로 이사를 가게 됐다. 만희를 따라 안방, 부엌, 광, 장독대, 현관, 목욕통, 옥상 등 집안 구석구석을 돌아보자.

다들 왜 화가 난 걸까?
데이비드 맥키 지음
키다리

동일한 패턴의 이야기가 연속되면서 아이들의 상상력과 호기심을 자극한다. 마지막 장에 이르러서야 모든 사람의 화는 한 사람에서 시작되었음을 깨닫게 되고 모든 의혹이 풀린다.

절반 줘
야마시타 하루오 지음
천개의 바람

동물들이 힘을 합쳐 커다란 물고기를 잡았다. 도와준 동물들은 하나같이 "절반 줘."라고 소리친다. 하지만 물고기는 한 마리뿐. 모두에게 다 절반씩은 줄 수 없다. 더 행복한 나누기 방법은 없을까?

장군이네 떡집
김리리 지음
비룡소

장군이는 허리에 텅 빈 복주머니를 차고 태어나 뭐든 뜻대로 되는 일이 없다. 어느 날 장군이는 이상한 떡집을 발견하고 한 개 남은 떡을 먹게 된다. 장군이가 내야 할 떡값은 행복한 웃음이다.

음악이 가득한 집
마르그레트 레티히 지음
밝은미래

음악을 사랑하지만, 각자의 악기로 자기 소리만 내려는 사람들이 사는 '음악이 가득한 집'을 통해 조화롭게 사는 방법을 보여준다.

소원 떡집
김리리 지음
비룡소

사람이 되고 싶은 꼬랑쥐는 사람 손톱을 먹고 사람이 되었다는 조상의 이야기를 듣고 아이들의 손톱을 찾아 먹는다. 그리고 소원 떡집의 떡을 아이들에게 배달하기 시작하는데……. 누구에게 소원 떡이 필요한지 손톱 맛을 떠올려 보자.

아기는 어떻게 태어날까?
페르 홀름 크누센 지음
담푸스

선생님이자 심리 치료사, 성 연구가인 작가가 사랑을 바탕으로 한 관계의 행복과 즐거움을 솔직히 얘기한다. 또한 아기가 태어나는 과정을 간단하면서 따뜻한 시각으로 전달하고 있다.

색깔 손님
안트예 담 지음
한울림어린이

회색빛이던 엘리제 할머니의 집이 한 소년의 등장으로 조금씩 색으로 물들기 시작한다. 동시에 할머니의 마음도 꼬마 손님에게 기울고, 할머니는 해야할 일이 떠오른다.

남을 왜 생각해야 돼?
안 르노 지음
개암나무

《남을 왜 생각해야 돼?》는 배려의 소중함을 알려 주는 동화책이다. 동생에게 아끼는 장난감을 억지로 양보하게 되어 잔뜩 토라진 엠마의 이야기를 통해 왜 다른 사람을 배려해야 하는지 생각해 보게 한다.

시소스터디 공부기술연구소 추천 도서

📖 1학년

발레 하는 할아버지
신원미 지음
머스트비

할아버지와 함께 발레를 배우는 아이의 이야기로, 조부모와 손자 사이의 갈등과 오해를 해결해 나가는 과정을 통해 아이들이 가져야 할 아름다운 인성을 보여준다.

쿠키 한 입의 인생 수업
에이미 크루즈 로젠탈 지음
책읽는곰

협동, 인내, 자부심, 겸손 등 우리 삶에서 소중한 가치들을 '쿠키'를 소재로 한 다양한 상황 속에 담아 전달한다. 익어 가는 쿠키와 함께 아이들의 생각도 함께 자라날 것이다.

할머니, 어디 가요? 앵두 따러 간다!
조혜란 지음
보리

주인공 옥이와 할머니가 시골 마을에서 소박하지만 행복하게 살아가는 일상을 그렸다. 도시에 사는 아이들에게 정겨운 사람들과 소중한 자연의 모습을 재미있고 진솔하게 보여준다.

꼬리가 생긴 날에는?
다케시타 후미코 지음
천개의바람

친구와 싸운 뒤에 꼬리가 생겼다는 재미있는 설정으로 아이들의 심리 세계를 표현했다. 친구와 다투고 화해하는 과정 속에서 성장하는 아이들의 모습을 엿볼 수 있다.

이겨야 꼭 행복할까?
프랭크 J. 실리오 지음
개암나무

지는 걸 제일 싫어하고, 무엇을 하든 이겨야만 직성이 풀리는 샐리의 이야기를 통해 경쟁에서 이기고 지는 것보다 최선을 다하고 신나게 즐기며 순순히 결과를 인정할 줄 아는 태도가 더 중요하다는 것을 깨우쳐 준다.

쇠제비갈매기 가족의 슬픈 이야기 엄마가 미안해
이철환 지음
미래아이

환경 파괴로 살 곳과 가족을 잃은 어미 쇠제비갈매기의 슬픈 이야기를 담은 그림책이다. 아이들이 환경 문제의 심각성을 깨닫고 환경 파괴를 막을 방법을 생각하고 실천하도록 이끈다.

물차 오는 날
박혜숙 지음
키다리

1970~1980년대의 생활 모습을 배경으로 나와 가족, 우리 이웃의 삶과 이야기를 담았다. 역사의 한 부분으로 기록될 생활사를 엿보며 그 시절 추억을 함께 나눠 보자.

한밤의 선물
홍순미 지음
봄봄출판사

자연은 하루 24시간, 1년 사계절 동안 계속해서 변화하고, 자신이 가진 그 아름다움을 이 세상에 나누어 준다. 시간과 자연이 주는 아름다운 선물과 나눔에 감사하는 마음을 담았다.

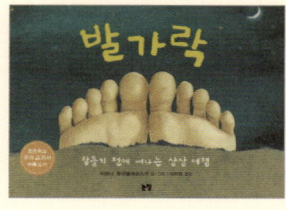

발가락
이보나 흐미엘레프스카 지음
논장

손과 발을 가지고 장난치는 것을 좋아하는 아이들의 놀이를 통해 특별한 상상 여행을 그려냈다. 우리가 잘 알고 있는 사물에 재미난 의미를 담아 상상력을 펼쳐 보자.

우리 모두 이웃이야!
김성은 지음
토토북

교통과 통신의 발달에 힘입어 지구 마을 사람들이 생활 속에서 얼마나 가깝고 빠르게 만나는지 함께 살펴볼 수 있다.

담벼락의 고양이 이웃
신지상 지음
창비

도시의 열악한 환경에서 살아가는 길고양이를 돌보는 '캣맘' 숨이 씨와 친구들의 모습을 그렸다. 작은 존재일지라도 공감하고 존중하는 따뜻한 마음과 동물의 생명권 보장에 대해 이야기한다.

우당탕 꾸러기 삼 남매
강무홍 지음
시공주니어

정이 넘치는 가족의 일상을 사랑스럽게 풀어냈다. 아웅다웅 싸우다가도 금세 내 편이 되어 주고 늘 서로를 생각해 주는 삼 남매의 모습은 아이들에게는 진한 형제애를 느끼게 해 주고, 어른들에게는 어린 시절의 추억을 떠올려 볼 수 있는 이야기가 되어 줄 것이다.

누구지?
이범재 지음
계수나무

나눔에 따라 점차 커지는 행복에 대한 이야기를 담은 동화이다. 친구들이 넘어질까 길을 치운 토끼의 자발적 선행이 돌고 돌아 모두를 기쁘게 하는 이야기를 통해 내가 먼저 나눌 때 더 커지는 행복을 만날 수 있을 것이다.

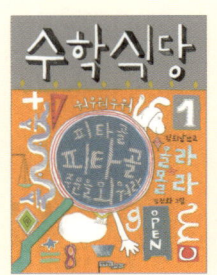

수학식당 1~3
김희남 지음
명왕성은자유다

문제집만 풀어 수학이 싫어하는 아이에게 하루하루 생활 속에서 만날 수 있는 다양한 수학을 보여준다. 일상에서 수학을 이용해 재미있게 해결할 수 있는 문제들을 만나 보자.

시소스터디 공부기술연구소 추천 도서

📖 2학년

꽝 없는 뽑기 기계
곽유진 지음
비룡소

'꽝' 없는 뽑기 기계를 매개로 일어나는 이야기를 담은 판타지 동화로, 슬픔에 빠져 있는 한 아이가 꽝 없는 뽑기 기계를 통해 자신이 맺고 있는 관계를 재구성해 나가는 이야기를 담담하고도 가슴 뭉클하게 그려냈다.

책이 제일 좋아
클레르 그라시아스 지음
시공주니어

세상에서 책을 제일 좋아하는 오라시오. 그리고 이런 오라시오를 말리는 엄마, 아빠의 이야기를 간결한 문장으로 풀어내 아이들이 주는 상인 '엥코뤼티블 상'을 수상했다. 책의 재미와 의의를 맛보지 못한 아이들에게 책의 가치를 경험하게 해준다.

2학년 3반 와하하반
군 구미코 지음
주니어김영사

개그의 달인 곰찬이, 수학 점수를 덤으로 더 달라는 토람이, 친구를 칭찬하기 좋아하는 쌍둥이 여우리, 여우니 등 긍정 에너지가 넘치는 친구들과 오엄격 선생님이 만들어 가는 행복한 교실 이야기다.

이상한 편지
구쓰키 쇼 지음
키다리

어느 날 단어 하나만 적힌 편지를 받게 된 아이들. 편지를 쓴 24살 청년에게 글자를 알려주기 위해 어떻게 답장하면 좋을지 고민하는 아이들의 순수한 마음을 그렸다.

나 혼자 해 볼래 독서록 쓰기
이현주 지음
리틀씨앤톡

책 읽기는 1등, 독서록 쓰기는 꼴등인 마루가 독서록을 재미있게 쓰는 방법을 찾았다. 이 책을 통해 마루처럼 독서록을 쓰는 즐거움을 찾을 수 있을 것이다.

달을 마셨어요
김옥 지음
사계절

시골 할머니 댁에 놀러간 형제. 바가지 속에 있는 달을 마시게 된다. 달을 마셨으니 몸이 달처럼 환하게 빛날 것 같은데……. 과연 어떤 일이 벌어졌을까?

벌집이 너무 좁아!
안드레스 피 안드레우 지음
고래이야기

협동의 공동체인 꿀벌 사회를 통해 이주자에 대한 우리의 편견을 꼬집는 그림책이다. 다툼과 소유보다 공생과 공존의 중요성에 대해 생각해 볼 수 있는 기회를 제공한다.

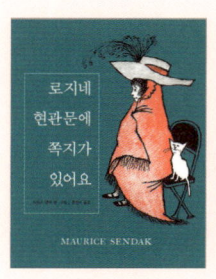

로지네 현관문에 쪽지가 있어요

모리스 샌닥 지음
시공주니어

로지네 현관문을 두드리는 순간, 심심해하는 세상 모든 아이들은 신나는 놀이를 발견하고, 어른들은 잊었던 동심을 떠올리는 놀라운 경험을 하게 될 것이다.

아주 무서운 날

탕무니우 지음
찰리북

발표 수업을 앞둔 아이의 마음을 섬세하게 그려낸 책으로, 아이의 긴장된 마음이 잘 드러나 있다. 발표 수업을 앞둔 아이들에게는 공감대를, 부모들에게는 아이의 심리를 이해할 수 있도록 도와준다.

위대한 건축가 안토니오 가우디의 하루

포 에스트라다 지음
책속물고기

가우디의 산책이라는 콘셉트로 다양한 건축물을 보여 주고, 시간이 오래 걸려도 완벽한 작품을 만들고자 했던 가우디의 정신을 이야기한다.

아홉 살 느낌 사전

박성우 지음
창비

초등학교 저학년 어린이들이 생활에서 활용할 수 있는 감정 표현을 그림과 함께 사전 형태로 소개한다. 다양한 감정 표현을 익힘으로써 자기 마음을 정확하게 이해하고 표현할 수 있게 될 것이다.

동의: 너와 나 사이 무엇보다 중요한 것!

레이첼 브라이언 지음
아울북

간지럽히기, 원하지 않는 선물, 문자 메시지와 채팅 등 누구에게나 익숙한 상황들을 통해 '동의'라는 개념이 우리의 건강과 관계에 있어 가장 먼저 필요한 것임을 노련하면서도 유머러스하게 설명한다.

만약의 세계

요시타케 신스케 지음
주니어김영사

우리가 매일 경험하는 '매일의 세계'와 손으로 만질 수는 없지만 마음속에 살아 있는 '만약의 세계'를 소개한다. 그리고 두 세계 모두를 얼마나 소중하게 다루어야 하는지를 알려 준다.

걱정 세탁소

홍민정 지음
좋은책어린이

걱정꾸러기 재은이가 일정 시간 동안 걱정을 잊게 해주는 세탁소를 이용하며 벌어지는 일들을 그렸다. 걱정은 나쁜 것만이 아니며 오히려 걱정을 통해 더 나은 결과와 보람, 기쁨을 느낄 수 있음을 보여준다.

시소스터디 공부기술연구소 추천 도서

📖 2학년

말이 통하는 아이
노여심 지음
주니어김영사

소통의 기술 6가지를 우리가 잘 알고 있는 빨간 모자, 호랑이 형님, 내 이름은 삐삐 롱스타킹 등의 이야기를 통해 쉽고 재미있게 전달한다. 친구들의 마음까지 사로잡을 수 있는 소통의 기술을 배워 보자.

세상을 바꾼 아이
앤디 앤드루스 지음
밝은미래

작은 행동과 결정만으로도 세상을 바꿀 수 있다는 동기를 부여해 주는 그림 동화이다. 지금 나의 작은 행동이 나비 효과가 되어 훗날 세상을 바꿀 수도 있다는 위대한 진실을 가르쳐준다.

책 먹는 여우와 이야기 도둑
프란치스카 비어만 지음
주니어김영사

책을 너무 좋아한 나머지 책을 먹기 시작하여 결국에는 '제일 맛있는 책'을 직접 쓰게 된 여우 아저씨가 신간을 위해 모아둔 자료를 도둑맞았다. 자신만의 글을 쓰기 위한 여우 아저씨의 행동을 통해 글쓰기 비법을 배워 보자.

내 짝꿍이 최고야
수지 클라인 지음
크레용하우스

담임 선생님은 '나를 비웃지 마!'라는 주제로 아이들에게 발표를 하게 하고, 아이들은 발표를 통해 다른 친구의 입장에서 생각해 보게 된다. 반 친구들의 사려 깊은 행동과 선생님의 가르침을 통해 배려의 아름다움을 느낄 수 있을 것이다.

월화수토토토일
신채연 지음
좋은책어린이

평일과 주말이 너무 불공평하게 나뉘어 있다고 매일 투덜거리던 병만이. 어느 날 공부도 3일, 토요일도 3일, 일요일은 보너스라고 말하는 '월화수토토토일 학교'를 알게 된다. 과연 병만이의 월화수토토토일 학교생활은 어떻게 될까?

강아지로 변한 날
서지원 지음
소담주니어

나쁜 말하기 대장 현중이는 어느 날 친구들과 다투고 나쁜 말을 잔뜩 한 후 자신이 키우던 강아지 다솜이와 몸이 바뀌고 만다. 나쁜 말을 쓴 다른 친구들도 모두 강아지로 변했는데……. 세 친구는 과연 다시 사람으로 돌아갈 수 있을까?

뚝딱뚝딱 동물 건축가들
다니엘 나사르 지음
다림

움직이는 집, 매달려 있는 집, 지하 정원 등 호기심을 불러일으키는 동물들의 집을 소개한다. 어떤 재료를 골라 어떤 방법으로 집을 짓고, 왜 그런 집을 짓는지 그림과 함께 살펴 보자.

북극곰 윈스턴, 지구온난화에 맞서다!
진 데이비스 오키모토 지음
한울림어린이

지구온난화로 생존 위기에 놓인 북극곰이 벌이는 발칙한 시위 현장을 들여다보자. 지구가 뜨거워지면서 삶의 고간을 잃어가는 북극곰의 이야기를 통해 지구온난화에 대한 경각심을 일깨워주고 있다.

아무도 모를걸!
이하영 지음
책고래

스스로 무척 운이 나쁘다고 생각하는 아이 도윤이는 친구들 앞에서 멋지게 축구 실력을 보여주려던 찰나 갑자기 속이 부글거려 바지에 큰 실수를 하고 만다. 아홉 살 인생 최대의 위기! 도윤이는 고비를 무사히 넘길 수 있을까?

가족의 가족을 뭐라고 부르지?
채인선 지음
미세기

아이들이 헷갈려 하는 가족 호칭을 간결하게 정리하여 담아낸 책이다. 민규네 가족을 중심으로 흥미진진한 이야기와 삽화로 재미있게 설명하여 가족 호칭에 대해 쉽게 이해할 수 있다.

눈물을 모으는 악어
아나 알론소 지음
영림카디널

마녀 레베카는 어느 날 마법에 걸린 악어와 마주친다. 악어의 마법을 풀려면 특별한 눈물 다섯 방울을 정확한 시간에 맞춰서 유리병에 담아야 한다고 하는데…… 레베카는 악어의 마법을 풀 수 있을까? 재미있는 이야기와 함께 시계 보는 법을 배워 보자.

난 원숭이다
베아트리체 알레마냐 지음
베틀북

자신이 원숭이라 생각하는 조는 집을 나가 원숭이 우리에서 지내게 된다. 조의 이야기를 통해 아이들은 남들과 조금 달라도 괜찮다는 용기를, 부모님은 아이의 방황을 긍정적으로 받아들이고 믿고 지켜볼 수 있는 힘을 가질 수 있을 것이다.

아늑한 마법
숀 테일러 지음
다림

숲속에 겨울이 찾아왔다. 나무는 잎이 다 떨어져 가지만 남고, 꽃도 나비도 보이지 않는다. 겨울 숲에는 살아 있는 게 아무것도 없는 걸까? 동물들이 어떻게 추운 겨울을 이겨내는지 경이로운 겨울잠의 마법 속으로 들어가 보자.

행복 직업 찾아요
서지원, 임영빈 지음
열다

쌍둥이 남매는 우연히 텔레비전에서 나오는 홈쇼핑 방송을 보고 직업을 찾아 주는 내비게이션과 헬멧을 주문한다. 이야기를 통해 드넓은 직업 세계를 경험해 보며 언젠가 나에게 어울리는 직업을 찾는데 도움을 얻을 수 있을 것이다.

시소스터디 공부기술연구소 추천 도서

📖 3학년

북쪽 나라의 거인 괴물
에바 이보슨 지음
시공주니어

나이 많은 마녀, 기운 빠진 트롤, 마마보이 마법사, 그리고 한 소년이 북쪽 나라의 거인 괴물에게서 미렐라 공주를 구하라는 임무를 받는다. 무슨 일이 일어날까?

멋진 여우 씨
로알드 달 지음
논장

욕심 많고 어리석은 농부와 영리한 여우 씨의 한판 대결을 통해 권위적인 기성세대를 비판한다. 재미와 즐거움 속에 개인과 공동체에 관해서도 생각해볼 수 있는 기회를 제공한다.

꿈꾸는 고래 아이딘
조르디 시에라 이 파브라 지음
노란상상

실험실에 갇혀 있던 고래가 탈출하면서 자유를 향해 내디딘 용기와 꿈에 관한 이야기와 고래와 한 소년의 우정을 함께 그려낸 작품이다.

책이 사라진 날
고정욱 지음
한솔수북

어느 날 외계인이 나타나 책을 모두 빼앗아 버렸다. 몰래 숨겨진 책을 읽으며 외계인에 맞서는 주인공들을 통해 어린이들만이 가질 수 있는 용기와 당당함, 책의 소중함을 배울 수 있다.

옛 그림에 숨어 있는 상상의 동물
이상권 지음
현암사

힘없는 사람에게 위안이 되어 주고 더 나은 삶을 꿈꾸던 사람들의 소원을 담아 전했던 옛 그림 속 상상의 동물들을 만나 보자.

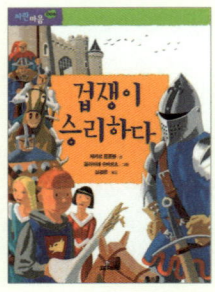

겁쟁이 승리하다
제라르 몽콩블 지음
교학사

중세를 배경으로 한 이야기로, 바질과 사촌들이 함께 바질에게 닥친 위기를 극복해 나가는 모험담이다. 진정으로 자신이 하고 싶은 일을 찾아 떠나는 바질의 모습에서 삶을 스스로 개척해 나가는 용기 있는 모습을 볼 수 있다.

엄마 사용 설명서
이토 미쿠 지음
우리교육

주인공 데쓰야는 엄마를 마음대로 조종하기 위해 사용 설명서를 만들기로 한다. 하지만 설명서를 쓰려다 보니 엄마를 자세히 관찰하게 되고 평소에는 몰랐던 것을 알게 되면서 엄마를 이해하게 된다.

너구리 판사 퐁퐁이

김대현, 신지영 지음
창비

동물 마을의 재판을 통해 아이들은 물론 어른들에게도 다소 어려울 수 있는 법의 기본 개념들을 재미있게 풀어냈다.

나는 3학년 2반 7번 애벌레

김원아 지음
창비

관찰 상자 속 7번 애벌레는 나비가 되는 것도 중요하지만, 배춧잎으로 무늬를 만들고 아이들에게 선보이는 데서 기쁨을 느낀다. 관찰 상자에 위기가 닥치자 7번 애벌레는 아이들에게 도움을 청한다.

나에게 없는 딱 세 가지

황선미 지음
위즈덤하우스

항상 티격태격하는 쌍둥이 남매 태주와 미주를 통해 여러 인간 관계에 대한 고민, 특히 가족 사이에서 벌어지는 갈등과 화해, 성장의 이야기를 담았다.

불량한 자전거 여행 1~2

김남중 지음
창비

주인공은 얼떨결에 삼촌을 따라 1,100km 자전거 여행을 시작하게 된다. 참가자들은 저마다의 문제와 목표를 가지고 다양한 사건 사고를 겪으며 페달을 밟는다. 이 여행의 끝은 어떻게 될까?

어린 여우를 위한 무서운 이야기

크리스천 맥케이 하이디커 지음
밝은미래

일곱 마리 어린 여우들이 컴컴한 밤이 되자 무서운 이야기를 들으러 이야기꾼을 찾아간다. 어린 여우들이 점점 더 무서워지는 이야기를 끝까지 들을 수 있을까?

아빠의 직업은 범인?!

린샹 지음
푸른숲주니어

아빠가 전과자라는 이유로 아이가 겪게 되는 편견과 차별을 통해 아이들 세계에서 일어나는 편견과 차별의 문제는 대부분 어른들의 그릇된 말과 행동에서 비롯됨을 보여 준다.

수상한 화장실

박현숙 지음
북멘토

이상한 소문과 함께 화장실 귀신에 대한 이야기가 떠돈다. 소문은 점점 부풀려져 의혹을 키우고, 결국 진실 공방으로 치닫는다. 치열한 진실 공방을 통해 독자들은 진실과 거짓을 가려내는 지혜의 나침반을 얻게 될 것이다.

시소스터디 공부기술연구소 추천 도서

📖 3학년

나는 내가 참 예뻐
박혜숙 지음
위즈덤하우스

자신만의 장점을 찾고 자신을 소중히 여기는 방법을 알려 주는 책이다. 외모 콤플렉스에 빠진 장미의 이야기를 통해서 진정으로 중요한 것이 무엇인지, 외모 말고 자신을 보이는 방법에는 무엇이 있는지 배울 수 있다.

네버랜드 미아
김기정 지음
시공주니어

잔소리하는 어른도 없고, 학교도, 학원도 없는 데다가 맛있는 것까지 가득한 네버랜드로 간 주인공 미아. 즐거움도 잠시 네버랜드의 깜짝 놀랄 비밀이 밝혀진다. 네버랜드에는 어떤 비밀이 숨어 있을까?

린드버그 하늘을 나는 생쥐
토르벤 쿨만 지음
책과콩나무

1927년 뉴욕-파리 간 대서양 무착륙 단독 비행에 처음으로 성공한 찰스 린드버그를 모티브로 한 그림책으로, 자유의 땅으로 떠난 친구들을 만나기 위해 용감하게 모험을 떠나는 생쥐의 이야기를 그렸다. 인류의 비행 역사에 대해서도 배울 수 있다.

도깨비 백과사전
이현 지음
푸른숲주니어

구전이나 고전을 통해 전해 내려온 다양한 도깨비 이야기를 유머와 위트가 넘치는 문투로 맛깔나게 들려준다. 그간 왜곡되어 온 도깨비의 진짜 정체를 밝혀 보고, 낯설고 신기한 존재들을 만나 보며 조상들이 상상한 환상의 세계를 알아보자.

청개구리 글방
윤승운 지음
보리

역사 속 인물들은 어떻게 크고 작은 사건을 겪으며 살았을까? 훈장님의 재치 있는 입담을 따라 가다 보면 어렵다고만 생각했던 조선의 역사와 인물 이야기를 쉽고 재미있게 만날 수 있다.

꿈을 찾아 주는 마법 카메라
이서윤 지음
풀빛

자신의 꿈이 무엇인지 모르는 태경이가 꿈을 찾아 준다는 이상한 선생님을 만난다. 선생님은 미래의 자기 모습이 찍히는 마법 카메라와 꿈 사탕을 가지고 있다는데……. 동화와 함께 워크북 활동을 하며 나의 꿈과 직업을 찾아보자.

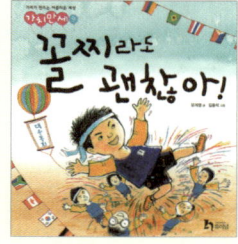

꼴찌라도 괜찮아!
유계영 지음
휴이넘

운동회를 너무 싫어하지만 제비뽑기에서 이어달리기 주자로 뽑혀버린 기찬이. 기찬이네 청군은 백군을 이길 수 있을까? 이야기를 통해 자신감이 가진 커다란 힘을 깨달을 수 있다.

내 입은 불량 입

경북봉화분교 어린이들 지음
크레용하우스

분교 아이들이 쓴 60편의 시와 그림이 담겨 있는 동시집으로, 아이들이 만들어 낸 순수한 세계 속에서 아이는 물론 어른들도 상처를 치유하고 위로 받을 수 있을 것이다.

내일의 동물원

에릭 바튀 지음
봄볕

동물원 관리인과 수의사 잭이라는 인물의 이야기를 통해 심각한 문제로 떠오르고 있는 동물들의 복지와 윤리에 관한 고민을 아름다운 자연의 색채로 풀어냈다.

윌리의 호주머니

마거릿 와이즈 브라운 지음
보림

윌리의 새 옷에는 호주머니가 일곱 개나 달려있다. 호주머니 안에 무엇을 채우면 좋을지 관찰하고 사람들에게 질문하고 고민하는 윌리의 모습에서 나의 모습을 만날 수 있을 것이다.

재기재기야재기 비교 나라로

고희정 지음
토토북

초등학교 저학년 어린이들이 수학과 친해지고 스스로 탐구하며 문제 해결력을 키울 수 있도록 쉽고 재미있게 구성되어 있다. 이야기를 읽어 나가며 비교와 측정을 익히게 되고, 수학이 두렵거나 어려운 게 아니라는 것을 자연스럽게 깨닫게 될 것이다.

다름 :
다르지만 같은 우리

박규빈 지음
다림

한국과 세계의 문화를 비교하는 그림책으로, 어린이들이 자연스럽게 다양한 문화의 존재를 이해할 수 있게 한다. 어떤 문화는 좋고, 어떤 문화는 나쁘다는 문화적 편견과 차별의 문제 또한 생각해 볼 수 있다.

별빛의 속도

콜린 스튜어트 지음
애플트리태일즈

물리학의 기본 개념을 그림과 함께 쉽고 일목요연하게 풀어놓아 어린이들이 재미있게 이해할 수 있다. 물리학, 소리, 빛과 색, 우주, 총 네 파트로 구성하여 각 개념을 알기 쉽게 소개한다.

쓰레기는 쓰레기가 아니다

게르다 라이트 지음
위즈덤하우스

우리가 무심코 버리는 쓰레기가 단순한 쓰레기가 아니라는 발상의 전환을 바탕으로 물건의 생산과 폐기 과정을 살펴본다. 온 세상을 뒤덮은 쓰레기로부터 나, 지구, 우주를 구하는 방법 또한 제시하고 있다.

시소스터디 공부기술연구소 추천 도서

📖 4학년

안다는 것은 무엇일까요?
오스카 브르니피에 지음
상수리

'왜 공부를 해야 하나요?'라는 질문에 답하기는 쉽지 않다. 인식론을 쉽게 풀어낸 이 책은 아이들이 책을 통해 스스로 답하면서 탐구력과 학습능력을 기를 수 있게 한다.

할아버지의 뒤주
이준호 지음
사계절

할아버지와 손자가 뒤주를 통해 시간 여행을 하는 이야기를 그린 작품으로, 민족 분단의 아픔을 어루만지는 내용을 다루면서도 역사적 사실의 엄중함을 드러낸다.

읽으면 읽을수록 철학이 자라는 이솝 이야기
권혜정 지음
가람어린이

아이들에게 꼭 필요한 가치를 알려주는 이솝 이야기를 엄선하여 엮은 책으로, 용기와 자신감, 절제와 만족 등 풍부한 삶의 지혜를 배울 수 있다. 아이는 물론 어른들도 자신의 생각과 행동을 돌이켜보고 올바른 생활 태도와 가치관에 대해 확인할 수 있다.

총을 거꾸로 쏜 사자 라프카디오
쉘 실버스타인 지음
시공주니어

정글에 살던 사자가 그저 마시멜로우를 하나 먹기 위해 대도시로 떠나고, 자신의 존재를 잊은 채 점점 사람처럼 변한다. 어느 날, 라프카디오는 다른 사자를 만나게 되는데…….

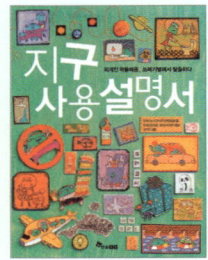

지구 사용 설명서
우쿠더스 지구이주대책위원회 지음
한솔수북

외계인의 시선에서 바라본 지구 사용 설명서를 통해 지구를 지키고 환경을 보호하는 방법들을 쉽고 자세하게 설명한다.

프린들 주세요
앤드루 클레먼츠 지음
사계절

아이디어가 기발한 소년 닉이 '펜'이라는 말 대신 '프린들'이라는 말을 쓰면서 벌어지는 시끌벅적한 소동을 유쾌하면서도 진지하게 그린 장편 동화이다.

출동! 우리말 구조대
김민정 지음
한솔수북

글자 바이러스를 퍼뜨리는 글자 사냥꾼이 나타났다. 이에 맞서서 우리말 천재 슬찬이와 우리말 구조대가 출동해 문제를 해결해 나간다.

저녁별
송찬호 지음
문학동네

동화적 상상력으로 자연과 현실을 접목시킨 시들이 실려 있다. 특히 작가 자신의 어린 시절 경험을 재미있게 살려내어 어른과 아이 모두에게 즐거운 마음을 선물한다.

멋지다!
쓰쓰이 도모미 지음
북뱅크

매사를 부정적으로 바라보지 않고 긍정적으로 받아들이는 아이들의 이야기 스무편을 통해 삶이란 마음먹기에 따라 꽃밭이 되기도, 황무지가 되기도 한다는 것을 보여준다.

고래를 삼킨 바다 쓰레기
유다정 지음
와이즈만북스

바다 쓰레기가 어떻게 생태계를 황폐화시키고 인간에게 위협이 되는지, 쓰레기를 줄이기 위해서는 어떤 노력이 필요한지를 어린이도 쉽게 이해하고 공감할 수 있도록 풀어냈다.

실패의 전문가들
정유리, 정지영 지음
샘터

여덟 명의 위대한 전문가들이 겪어온 실패와 그 극복 과정을 통해 성공보다 중요한 삶의 비밀을 배워 보자.

우주로 가는 계단
전수경 지음
창비

사고로 가족을 잃은 뒤 과학 이론에 빠지게 된 소녀가 우정을 나누던 이웃 할머니의 실종으로 인해 우주의 비밀에 다가가게 된다. 우리를 둘러싼 세계에 대한 탐구심을 자극하는 동시에 소중한 사람을 잃은 상실감을 따뜻하게 위로한다.

욕 좀 하는 이유나
류재향 지음
위즈덤하우스

세 보이고 싶어서? 센 척하고 싶어서? 아이들이 욕을 하는 이유가 뭘까? 욕을 하면 기분이 좋을까? 욕 좀 하는 아이들의 당당하고 이유 있는 속이야기와 의외로 멋진 싸움의 결과에 기분 좋아지는 동화이다.

좌충우돌 선거 운동
최형미 지음
한림출판사

학교 전교 회장 선거를 통해 어른들의 선거에 대해 쉽게 이해할 수 있도록 구성한 장편 동화이다. 전교 회장 후보자가 아닌 유권자의 시선으로 선거를 바라보며 선거의 올바른 의미를 일깨워준다.

시소스터디 공부기술연구소 추천 도서

📖 **4학년**

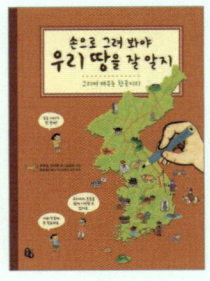

손으로 그려 봐야 우리 땅을 잘 알지
구혜경, 정은주 지음
토토북

이야기를 통해 한국 지리에 대한 지식과 지도에 대한 상식을 자연스럽게 쌓아나갈 수 있다. 쉽게 찢어지지 않는 투명한 종이 위에 반복해서 지도를 그리는 활동을 통해 우리 땅에 대해 배우며, 국토에 대한 애정과 자부심 또한 얻을 수 있을 것이다.

우리 집 구석구석 숨은 과학을 찾아라
오윤정 지음
토토북

우리가 일상 생활에서 너무나 당연하다는 듯이 쓰고 있는 수도, 텔레비전, 전화기, 컴퓨터, 전기 등이 어떻게 시작하고 우리에게 도착하는지 그 원리를 살펴본다. 세상을 바꾼 놀라운 발명품들을 통해 과학에 대한 호기심과 그 필요성을 깨달을 수 있을 것이다.

우리 반 스파이
김대조 지음
주니어김영사

장난이 심하고 학교 공부는 뒷전인 은수는 성적이 좋은 아이들이 성격까지도 좋게 여겨지는 것이 불만이다. 반에서 일어나는 모든 장난이 은수의 탓으로 돌려지자 자신의 무죄를 밝히고자 자신을 늘 범인으로 모는 스파이를 찾아 나선다.

키워드 한국사 1~7
김성환, 김창현, 신병주 지음
사계절

역사를 이해하는 데 꼭 필요한 개념과 인물, 사건, 생활, 문화 등의 핵심 키워드를 뽑아 긴밀하게 엮어 역사의 큰 줄기를 잡아 준다. 역사적 사건 속에 숨어 있는 의미는 무엇인지를 명쾌하면서도 흥미진진하게 짚어 주어 역사의 흐름을 쉽게 파악할 수 있다.

내 친구가 마녀래요
E.L. 코닉스버그 지음
문학과지성사

지루하기만 한 나날을 보내던 외톨이 엘리자베스가 어느 날 등굣길에 자기를 마녀라고 소개하는 아이 제니퍼를 만난다. 둘의 우정을 통해 좋은 친구란 어떤 것인지 생각해 볼 수 있을 것이다.

건방진 도도군
강정연 지음
비룡소

주인공 도도는 부잣집에서 소시지 통조림을 기대하며 편히 살던 예쁜 애완견이다. 어느 날, 뚱뚱하다는 이유로 사모님에게 버려지면서 같이 지낼 사람을 직접 고르겠다는 그야말로 개로서는 건방진 모험을 시작한다.

이 세상에 태어나길 참 잘했다
박완서 지음
어린이작가정신

태어나자마자 어머니가 돌아가시고, 아버지마저 떠난 후에 이모와 외할머니 품에서 자라게 되는 복동이의 이야기를 통해 가족의 결속과 생명의 소중함, 존재의 고귀함을 그렸다.

단톡방 귀신
제성은 지음
마주별

단톡방이라는 가상의 공간에서 오가는 대화를 현장감 있게 그려 내 귀신처럼 정체를 알 수 없는 인물을 추리해 가는 과정을 흥미진진하게 담았다. 사이버 폭력이 현실의 물리적 폭력과 다름이 없다는 것을 일깨워준다.

할머니의 마법수레
조연화 지음
청개구리

전국의 전통시장을 둘러보며 시장을 터전으로 살아가는 사람들의 삶과 그 속에 깃든 이야기를 흥미진진하게 풀어냈다. 시장의 이모저모를 알아보고 아울러 전통의 소중함을 깨달을 수 있는 기회를 제공한다.

또 잘못 뽑은 반장
이은재 지음
주니어김영사

존재감 제로, 자신감 제로, 자기주장 제로의 주인공이 얼떨결에 반장으로 당선되어 자신의 목소리를 내는 과정을 흥미진진하게 그렸다. 진정한 리더란 어떤 모습인지 생각해 볼 수 있다.

갈대의 길
송언 지음
봄봄출판사

한갓 들풀이지만 겨울이 오기 전에 죽는 것을 거부하고 여름까지 끈질기게 버티다 마침내 쓰러지는 갈대의 삶을 그렸다. 우리가 흔히 아는 갈대의 모습뿐 아니라 사계절 속 갈대의 모습을 다양하게 볼 수 있고, 갈대를 둘러싼 생태계의 모습을 그림과 함께 살펴볼 수 있다.

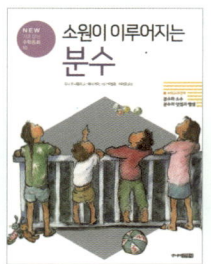
소원이 이루어지는 분수
도나 조 나폴리 지음
주니어김영사

스토리텔링 수학 동화로, 전래 동화와 명작 동화를 새롭게 구성하여 수학 용어나 개념이 미처 자리잡지 못한 초등학생이 자연스럽게 수학의 기초와 원리를 터득할 수 있을 것이다.

1+1이 공짜가 아니라고?
이정주 지음
개암나무

쿠폰을 모으고, 비싸더라도 인기 캐릭터가 있는 상품을 사는 등 아이들이 생활 속에서 한 번쯤 경험해 봤을 법한 이야기와 경제 개념을 연결하여 알기 쉽게 설명한다. 경제를 어려워하는 아이들도 공감하며 흥미를 느낄 수 있을 것이다.

뻔뻔한 가족
박현숙 지음
서유재

'길고양이'를 소재로 한 작품으로, 오래된 빌라를 배경으로 길고양이에 대해 서로 다른 입장을 가진 사람들의 갈등과 화해를 통해 진정한 가족의 의미를 묻고 있다.

시소스터디 공부기술연구소 추천 도서

📖 5학년

지구 바깥세상 우주에는
클라이브 기퍼드 지음
다섯수레

인류에게 남은 마지막 개척지 '우주'에 대해 다루는 과학 지식책으로, 현대 천문학의 핵심을 멋지게 풀어냈다. 부모님이나 선생님과 함께 우주에 대한 대화를 나눌 계기를 마련해준다.

미술관에 가고 싶어지는 미술책
김영숙 지음
휴머니스트

미술관에도 가봤고, 미술책도 봤는데 도대체 뭐가 감동인지, 왜 다들 훌륭하다고 하는지 모를 때가 많다. 이 책은 미술 작품에 숨겨진 이야기를 풀어내 작품을 더욱 즐겁게 감상할 수 있게 한다.

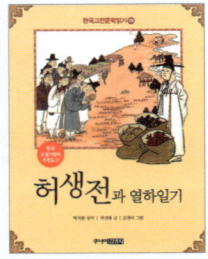

허생전과 열하일기
전성태 지음
주니어김영사

조선의 실학자 박지원이 조선 사절단을 따라 열하에 다녀온 경험을 기록한 《열하일기》를 알기 쉽게 풀어냈다. 조선이 가야할 현실적인 길을 제시하고자 했던 박지원의 정신을 배워 보자.

철학자는 왜 거꾸로 생각할까?
요술피리 지음
빈빈책방

'너 자신을 알라'고 외쳤던 고대 그리스 철학자 소크라테스의 제자 플라톤에서부터, '20세기 행동하는 지성' 사르트르에 이르기까지 11명의 서양 철학자의 생애와 사상의 핵심을 쉽고 재미있게 정리했다.

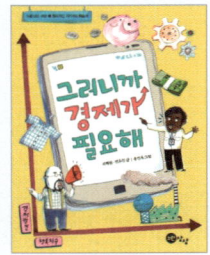

그러니까 경제가 필요해
석혜원, 연유진 지음
노란상상

경제가 왜 필요한지 아이들에게 쉽고 친절하게 설명해 주는 책이다. 일상 생활에서 찾을 수 있는 경제의 모습을 어렵지 않게 그려냈다.

평화를 기다리는 아이들
야마모토 미카 지음
길벗스쿨

전쟁 중에 피해 받는 사람들, 특히 아이들의 사연을 통해 모순적인 국제 사회를 알리고 있다. 전쟁의 참혹한 결과와 모순된 과정을 이해하고 평화와 화합의 가치를 깨닫는 기회를 제공한다.

그래서 이런 종교가 생겼대요
우리누리 지음
길벗스쿨

세계의 다양한 종교를 소개한다. 믿는 종교가 있다면 다른 종교에 대한 이해를 높이고, 믿는 종교가 없다면 다양한 종교를 알아보며 역사와 발달 과정을 통해 종교의 가르침을 배울 수 있다.

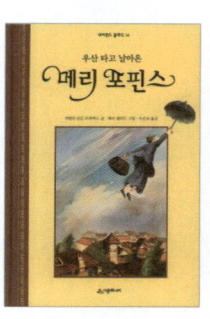

우산 타고 날아온 메리 포핀스
파멜라 린든 트래버스 지음
시공주니어

세상에 둘도 없이 괴팍하고 이상한 보모인 메리는 아이들을 마법의 세계 이곳저곳으로 안내한다. 어떤 신비한 경험을 하게 될까?

한중록 - 왕실 비극을 적다
이은서 지음
휴이넘

영조의 며느리이자 정조의 어머니인 혜경궁 홍씨가 뒤주 속에 갇혀 죽은 남편 사도 세자의 참변을 소설체로 엮은 궁중 문학으로, 당대의 상황에 맞게 새로운 시각으로 재해석하였다.

레모네이드 재판
재클린 데이비스 지음
개암나무

아이들 사이에서 일어날 법한 사건을 중심으로 법률 상식을 재미있게 배울 수 있다. 정의와 그를 실현하기 위한 도구로써의 법의 중요성을 친근하고 재미있게 소개한다.

다른 게 틀린 건 아니잖아?
류은숙 지음
양철북

인권에 관한 재미있고 다양한 에피소드와 공정한 사회를 만들고자 용기를 낸 시민들의 발자취를 통해 다양성이 존중되는 아름다운 공동체는 어떻게 만들어지는가를 곰곰이 생각하게 한다.

복제인간 윤봉구 1~4
임은하 지음
비룡소

자신이 복제인간이라는 사실을 알게 된 한 소년이 겪는 가슴 찡한 성장을 담은 SF 성장 소설이다. 누군가의 삶을 위해서 희생되어도 괜찮은 존재가 이 세상에 있는지에 대한 철학적 고민을 어린이가 충분히 이해할 수 있는 범위 안에서 잘 담아냈다.

비밀 소원
김다노 지음
사계절

비혼주의자 이모와 할머니와 함께 사는 미래, 엄마 아빠가 따로 사는 이랑이, 그리고 엄마의 바람과는 전혀 다른 꿈을 꾸는 현욱이. 남들 모르게 마음 속으로만 간절히 바라는 이들의 비밀 소원을 들어 보자.

눈을 감고 창을 열면
응우옌 응옥 투언 지음
실천문학사

전쟁이 없는 평화로운 세상을 살아가는 아이들. 그러나 어른들의 몸에 새겨진 전쟁의 상흔과 그들의 이야기를 통해 전쟁의 슬픔을 간접적으로 느낀다. 그리고 어른들의 잃어버린 추억을 일깨워주며 그들의 슬픔을 위로한다.

시소스터디 공부기술연구소 추천 도서

📖 5학년

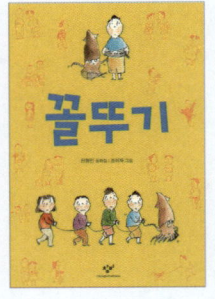

꼴뚜기
진형민 지음
창비

'꼴뚜기'라는 별명으로 불리지 않으려는 아이들의 눈물겨운 노력을 유쾌하게 그린 표제작 「꼴뚜기」를 비롯하여, 5학년 3반 아이들이 좌충우돌하는 이야기 여섯 편을 묶었다. 개성적인 인물들의 간결한 대사와 속도감 있는 전개로 책 읽는 재미와 웃음을 함께 선사한다.

뉴욕 쥐 이야기
토어 세이들러 지음
논장

뉴욕이라는 대도시를 배경으로, 호화로운 생활을 하는 상류 사회의 쥐들과 하수구에 사는 예술가 쥐들의 대비를 통해 빈부의 차, 예술의 의미, 사회적 편견 등 자칫 무겁게 느껴질 수 있는 주제를 재치 있게 풀었다.

초능력 다람쥐 율리시스
케이트 디카밀로 지음
비룡소

사랑을 믿지 않는 냉소적인 소녀 플로라와 평범한 다람쥐였다가 하루아침에 초능력을 갖게 된 율리시스의 모험을 통해 사랑, 기적 등 인간에게 소중한 가치를 이야기한다.

금수회의록
안국선, 고정욱 지음
산하

저마다 개성 있는 동물들이 등장하여 인간 세상의 부조리를 꾸짖는 내용의 우화로, 110년 전 처음 출간되었다. 동물들의 눈으로 바라본 인간 세상은 어떤 모습인지, 그때의 세상과 지금의 세상은 과연 어떻게 같고 다른지를 비교해 볼 수 있다.

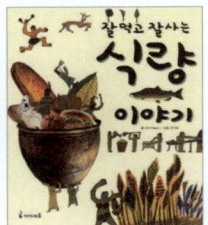

잘 먹고 잘 사는 식량 이야기
장수하늘소 지음
아이세움

식량의 의의와 역사부터 문화와 시사까지, 식량에 관련된 모든 것을 말해준다. 식량에 관련된 재미있는 이야기 30가지를 통해, 어떻게 식량을 만드는 것이 옳은 것인지, 어떻게 식량을 나누는 것이 바른 방법인지를 배울 수 있다.

열두 살의 나이테
오채 지음
아이세움

자신의 정체성에 대해 고민해 보는 열두 살 아이들이 다가올 미래를 꿈꾸며 각자의 나이테를 어떻게 그려 가야 할지, 잠시 숨을 고르고 생각해 보게 만드는 작품이다.

잃어버린 자전거
최인혜 지음
고래가숨쉬는도서관

「잃어버린 자전거」와 「참새가 없어졌어요」 두 이야기가 수록되어 있다. 「잃어버린 자전거」는 자전거로 인해 생기는 일들과, 만나게 된 사람들과의 관계를 섬세하게 그렸다. 누군가를 돕는다는 것의 의미에 대해 생각해 볼 수 있다.

악플 전쟁

이규희 지음
별숲

'악플'의 문제점을 통해 사람을 대하는 예의에 대해 이야기한다. 이 책을 통해 '상대를 존중하고 배려하는 태도'가 현실이든 사이버든 상관없이 함께 사는 세상을 위해 반드시 필요한 덕목임을 배울 수 있다.

너를 빌려줘

박현숙 지음
파랑새

독한 경쟁 속에서 어떻게 해야 올바른 관계를 맺을 수 있을지 배우지 못해 혼란스러워하는 아이들의 현실을 그렸다. 인간관계에서 대화의 중요성과 서로의 말을 끝까지 듣는 대화의 참된 방법을 배울 수 있다.

쿠킹 메이킹

권요원 지음
바람의아이들

요리에 남다른 재능이 있는 지원이, 기막힌 맛 표현을 할 줄 아는 현빈이, 콘텐츠를 기획할 줄 아는 주성이, 카메라와 조명을 쓸 줄 아는 윤후가 함께 요리 동영상을 만들기 시작한다. '내가 하고 싶은 것'을 발견하고 즐기는 인물들의 모습은 아이들에게 직업에 대해 진지하게 고민하는 뜻깊은 시간을 선사해 줄 것이다.

마녀들의 보물 지도: 길이 재기

아나 알론소 지음
영림카디널

꼬마 마녀 레베카가 지도를 이용해 보물을 찾는 이야기이다. 개정 교과에 맞춘 스토리텔링 수학 동화로, 흥미진진한 이야기를 읽다 보면 수 읽기와 자릿값, 길이 재기, 시계 보기 등의 수학 개념들을 자연스럽게 이해할 수 있다.

최초사 박물관

김영숙 지음
파란자전거

'우리나라 최초'의 것이라는 신문물에 초점을 맞추어 교통, 통신, 교육, 의료, 문화, 경제, 생활사 등 분야별 한국 근대사를 두루 살펴본다. 처음 신문물을 접한 조선 사람들의 반응은 웃음을 자아내기도 하고, 신문물과 함께 닥쳐온 외세의 침략은 가슴 아픈 우리의 역사를 다시 한번 생각하게 한다.

구릿구릿 악취리아

실비 보시에, 파스칼 페리에 지음
크레용하우스

주인공 알리스네 가족이 '악취리아' 행성을 탐험하면서 경험한 이야기를 담았다. 쉽게 물건을 사고 버리는 악취리아 사람들을 통해 쓰레기와 오염 문제에 대해 진지하게 고민해볼 수 있으며, 쓰레기를 줄이고 재활용하는 방법도 배울 수 있다.

난 왜 자꾸 질투가 날까?

강민경 지음
팜파스

자신의 사랑을 뺏어간 사람이라면 모두 질투했던 설희의 변화를 통해 감정을 다스리고 자기 자신을 사랑하는 방법, 또 타인과 건강한 관계를 만들어가는 방법들을 제시한다.

시소스터디 공부기술연구소 추천 도서

📖 6학년

수상한 진흙
루이스 새커 지음
창비

평범해 보이는 학교생활의 갈등에서 시작해 환경오염과 대체 에너지 개발이라는 묵직한 문제를 다룬 장편소설이다. 세 아이의 우정과 모험을 그린 동시에 현대 사회가 직면한 환경 위기를 다루고 있다.

안녕, 베타
최영희 지음
사계절

과학기술이 발달한 미래 사회를 배경으로 복제 인간과 청소년의 자아 찾기, 로봇과의 관계 등을 흥미롭게 다루고 있다. 과학 발전이 불러낸 세계로 떠나는 모험은 미래의 모습을 상상하는 즐거움을 안겨 줄 것이다.

옳을 수도 있고, 그를 수도 있지
댄 바커 지음
지식공간

원칙과 규칙의 차이를 이야기를 통해 알려주며 '생각'의 중요성을 강조한다. 도덕, 철학이란 좋은 말을 달달 외우는 것이 아니라 각자 삶의 순간순간에 적용해 보고 최선의 답을 찾아가는 과정임을 깨달을 수 있다.

베니스의 상인
셰익스피어 지음
창비

《셰익스피어 이야기(Tales from Shakespeare)》에 실린 작품들을 옮긴 책으로, 「베니스의 상인」을 비롯해 「리어 왕」과 「맥베스」, 「한여름 밤의 꿈」 등 열 편의 작품을 만날 수 있다.

별: 알퐁스 도데 단편선
알퐁스 도데 지음
비룡소

「별」, 「마지막 수업」을 비롯한 알퐁스 도데의 단편들을 모은 책으로, 짧은 서사를 통해 새롭고 다양한 소재를 녹여낸 이야기들이 선사하는 응축된 즐거움을 느낄 수 있다.

검은 눈물 석유
김성호 지음
미래아이

석유가 무엇인지, 어떻게 생겨나고 어떻게 쓰이는지, 왜 석유가 있는 곳에는 전쟁과 테러가 끊이지 않는지 등을 살펴보며 석유가 내 생활에 어떤 영향을 미치는지와 그 의미를 돌아보게 한다.

펄루, 세상을 바꾸다
에이비 지음
주니어김영사

몬트머 족이 진정한 지도자를 찾아가는 과정을 흥미진진하게 들려준다. 진정한 자유란 어떤 것인지, 올바른 지도자의 모습은 어떤 것인지, 평등이란 무엇인지 등 다양한 정치 이야기를 담았다.

샤워
정지원 지음
문학과지성사

샤워기 안에 갇힌 바퀴벌레라는 독특한 설정과 개성 넘치는 캐릭터를 통해 오늘날 우리들의 모습을 예리하면서도 따뜻하게 그려낸 작품이다.

가족 연습
린다 몰라리 헌트 지음
개암나무

12살 소녀가 '위탁 가정'에 가게 되면서 겪는 이야기로, 사춘기 여자아이가 새로운 가족을 만나 마음의 상처를 치유하고, 따뜻한 가족의 사랑에 눈뜨면서 희망을 꿈꾸게 되는 과정이 오롯이 담겨 있다.

코로나 팬데믹을 닮은 스페인 독감
돈 브라운 지음
두레

100년 전 세계 인구의 1/3를 감염시키고 최소 5천만 명을 죽음에 이르게 한 스페인 독감을 만화를 통해 살펴보자.

미래가 온다, 미래 에너지
김성화 지음
와이즈만북스

지금의 지구와 에너지를 돌아보고, 미래의 지구와 에너지를 이야기한다. 더 많은 에너지를 재생 에너지로 제공해야 한다는 단계를 뛰어넘어, 핵융합 에너지, 우주 태양광의 발전 등 미래의 지구 문명에 대한 이야기를 담았다.

핑스
이유리 지음
비룡소

난생처음 우주여행을 떠나게 된 재이가 우주 현상수배범과 마주치게 되면서 예상치 못한 격랑에 휩싸이는 이야기를 통해, 미래 세계에 대한 놀라운 상상력과 '인간성에 대한 깊이 있는 탐구'를 보여준다.

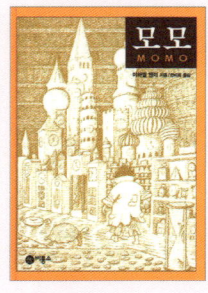

모모
미하엘 엔데 지음
비룡소

시간을 빼앗아 목숨을 이어가는 회색 신사들이 나타나 사람들의 즐거움을 모두 빼앗아 간다. 모모와 일행들은 일생일대의 모험을 벌이며 사람들에게 시간을 되찾아 준다. 자기에게 주어진 삶의 의미를 찾을 줄 알고 가장 재미있게 살아가는 이들의 이야기를 담았다.

머시 수아레스, 기어를 바꾸다
메그 메디나 지음
밝은미래

열한 살 머시에게 닥친 여러 가지 상황 변화와 이를 통해 머시가 겪는 감정을 잘 그려냈다. 변화를 받아들이는 주인공의 마음가짐은 잔잔한 감동을 선사한다.

시소스터디 공부기술연구소 추천 도서

📖 6학년

작은 아씨들

루이자 메이 올콧 지음
시공주니어

남북 전쟁이 한창이던 미국을 배경으로, 제각각 성격이 다른 마치가(家) 자매들의 사랑, 이해, 갈등, 반목, 꿈 등을 다룬 이야기이다. 당시 미국 사회의 모습과 가족의 따뜻한 정을 느낄 수 있다.

완득이

김려령 지음
창비

집도 가난하고 공부도 못하지만 싸움만큼은 누구에게도 지지 않는 열일곱 소년 완득이가 성장해가는 과정을 흥미진진하게 그려냈다. 냉정한 현실 속에서도 정해진 길을 맹목적으로 따라가는 대신, 세상과 온몸으로 부딪쳐 자신만의 길을 찾아가는 완득이의 모습에서 '희망'이라는 단어의 진정한 의미를 되새길 수 있을 것이다.

천문대 골목의 비밀

조경숙 지음
비룡소

《천문대 골목의 비밀》은 하늘과 바람과 별에 대한 신비롭고도 특별한 이야기이다. 700년 전 천문대에 숨겨진 책을 둘러싼 비밀을 밝혀내며 시공간을 뛰어 넘어 우주와 하나가 되는 순간을 느낄 수 있다.

피노키오가 들려주는 피노키오 이야기

마이클 모퍼고 지음
책빛

130세가 된 피노키오가 자신의 일생을 돌아보며 자신의 모험 이야기와 그때 자신의 선택에 대한 마음과 감정을 말한다. 피노키오의 이야기를 통해 삶에서 얻을 수 있는 진정한 교훈이 무엇인지 고민해볼 수 있을 것이다.

오늘 넌 최고의 고양이

후지노 메구미 지음
책속물고기

애완 고양이에서 유기 고양이로, 유기 고양이에서 반려 고양이로 거듭난 고양이 '에투알'의 이야기를 담아낸 장편 동화이다. '아름다운 고양이 선발대회'에서 일등상을 받아 주인의 사랑을 독차지하던 중 피부병이 걸려 버려진 에투알이 자신의 정체성을 찾아나가는 모험을 그렸다.

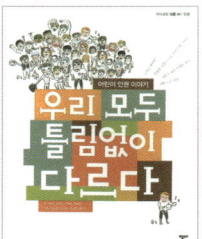

우리 모두 틀림없이 다르다

김현식, 류은숙, 신재일, 전희경 지음
열다

우리가 누리는 인권의 의미와 소중함을 올바로 깨닫고, 인권을 지킨다는 것은 어렵고 특별한 것이 아니라 작은 관심에서 비롯하여 우리 모두 실천할 수 있는 것임을 배울 수 있다.

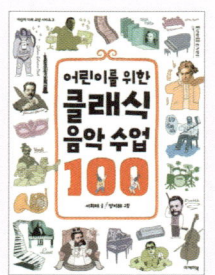

어린이를 위한 클래식 음악 수업 100

서희태 지음
이케이북

클래식 음악가와 오케스트라에 대한 100가지 이야기를 다섯 가지 주제로 나누어 이야기한다. 음악회에서 지휘자에게 듣는 것처럼 재미있고 생생한 이야기를 읽어 보자.

재미있는 미생물과 감염병 이야기

천명선 지음
가나출판사

자칫 딱딱하고 어려울 수 있는 미생물학에 대해 호기심을 유발하는 질문을 하고 이에 친절하게 대답하는 형식으로 구성되어 아이들이 쉽게 접근할 수 있다. 눈에 보이지는 않지만 우리 삶에 큰 영향을 미치고 있는 미생물에 대해 다시금 생각해 볼 수 있을 것이다.

나는 비단길로 간다

이현 지음
푸른숲주니어

실종된 어머니 대신 상단을 지키겠다며 무역길에 오른 열세 살 발해 소녀 '홍라'의 대장정을 담은 이야기이다. 장사를 통해 이문을 남기는 것을 중심으로 이야기가 흘러가지만, 어떤 꿈을 가지고 어떤 길로 가고 싶은지에 대해서도 진지하게 고민할 수 있을 것이다.

개뼈다귀에서 시작하는 야무진 도형 교실

안나 체라솔리 지음
길벗어린이

도형을 이해하는 데 기본이 되는 개념과 원리를 실생활과 접목시켜 자연스럽게 설명하고 있다. 초등 기하학에서 다루고 있는 점, 직선, 선분, 사각형 등 주요 용어를 활용하는 법을 동화를 읽듯 편하게 읽어 나가며 배울 수 있다.

조선 수학의 신, 홍정하

강미선 지음
휴먼어린이

조선 시대 대표 수학자 홍정하가 쓴 《구일집》에 담긴 문제를 이야기로 재구성한 동화로, 서양 수학에만 익숙했던 아이들이 우리에게도 조상 대대로 훌륭한 수학이 있었다는 사실에 자긍심을 느낄 수 있을 것이다.

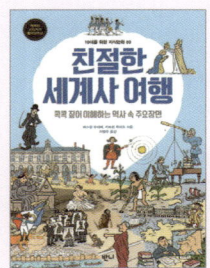

친절한 세계사 여행

파스칼 부쉬에, 카트린 루아조 지음
반니

세계사의 핵심 장면을 만화로 구성해 한 권에 담았다. 약 320만 년 전 존재한 인류의 모습에서부터 지구촌이 하나가 되어가는 21세기의 현재 모습까지 주제별로 짤막하게 정리해 세계사의 전체적인 흐름을 살펴볼 수 있다.

불 꺼진 아파트의 아이들

정명섭 지음
리틀씨앤톡

어느 날 갑자기 닥친 정전으로 인해 '불 꺼진 아파트'에 살게 된 세 아이가 곤경에 빠진 도시를 구하기 위해 모험을 떠난다. 이들의 모험을 따라가며 에너지의 소중함과 그 의미를 되새겨 보자.

영화관에 과학이 산다

임숙영 지음
현암사

영화의 기본 원리와 만드는 과정, 영화를 이루는 다양한 요소들 속에 숨은 과학과 함께, 영화가 과학을 통해 어떻게 실현되고 발전되었는지 다양한 예시와 시각 자료들을 통해 보여 준다.

독서노트

초판 발행	2021년 2월 22일
초판 2쇄	2022년 7월 20일

글쓴이	시소스터디 공부기술연구소, 한동오
편집	김은경, 정진희, 김한나
펴낸이	엄태상
디자인	박경미, 공소라
마케팅본부	이승욱, 왕성석, 노원준, 조성민, 이선민
경영기획	조성근, 최성훈, 정다운, 김다미, 최수진, 오희연
물류	정종진, 윤덕현, 신승진, 구윤주

펴낸곳	시소스터디
주소	서울시 종로구 자하문로 300 시사빌딩
주문 및 문의	1588-1582
팩스	0502-989-9592
홈페이지	www.sisostudy.com
네이버카페	시소스터디공부클럽 cafe.naver.com/sisasiso
네이버블로그	blog.naver.com/sisosisa
인스타그램	instagram.com/siso_study
이메일	sisostudy@sisadream.com
등록일자	2019년 12월 21일
등록번호	제2019 - 000148호

ISBN 979-11-91244-07-6 73800

ⓒ시소스터디 2022

* 이 책의 내용을 사전 허가 없이 전재하거나 복제할 경우 법적인 제재를 받게 됨을 알려 드립니다.
* 잘못된 책은 구입하신 서점에서 교환해 드립니다.
* 정가는 표지에 표시되어 있습니다.

 # 독후 활동 우수상

이름:

위 어린이는 진짜진짜 독서노트를
우수히 활용하여 바른 독서 습관을 길렀기에
크게 칭찬하여 이 상장을 드립니다.
앞으로도 책 읽기를 통해 풍요롭고 지혜로운 삶을
살아가는 어린이가 되기를 바랍니다.

20   년   월   일

Super Reader Award